LE CHOC DES EMPIRES

JEAN-MICHEL QUATREPOINT

LE CHOC DES EMPIRES

États-Unis, Chine, Allemagne : qui dominera l'économie-monde ?

le débat

Gallimard

À la mémoire de Philippe Cohen

Introduction

Depuis des millénaires, l'humanité vit au rythme des empires, des puissances dominantes qui imposent leurs règles. Pas toujours, pas seulement par les armes, mais aussi par l'influence, la force des idées, la création de richesses. Les légions romaines ont, certes, assuré la *pax romana*, mais Rome n'aurait pas régné aussi longtemps sur le monde sans une organisation économique et sociale, un art de vivre, une créativité, une soif d'entreprendre et donc de conquérir, exceptionnels.

Rome pour l'Occident, la Chine pour l'Orient. L'Empire du Milieu, a connu, bien plus longtemps encore, une prospérité similaire. Avec, toutefois, une différence de taille : son développement a été, pour l'essentiel, autocentré. La géographie, le climat, les grands espaces ont sans doute freiné les velléités d'expansionnisme des souverains successifs, qui avaient déjà fort à faire pour contrôler les marches de leur empire. Pas question d'aller conquérir les terres *incognitae*, même si les marins chinois ne dédaignaient pas de s'aventurer, au-delà de la mer de Chine, pour commercer. D'autres raisons expliquent aussi ce non-expansionnisme chinois : l'absence d'une religion messianique et l'arrogance d'une société qui s'estimait supérieure aux autres. La Chine se considérait non seulement comme le centre du monde, mais comme le monde lui-même.

Après la chute de l'Empire romain, il fallut attendre, en Occident, le XIIe siècle, pour voir émerger de nouvelles puissances dominantes. Le Saint Empire romain de la nation germanique (traduction littérale en allemand), le Ier Reich, régna pendant quelques siècles sur l'Europe, non pas tant par les armes, mais à travers une organisation que l'on baptiserait aujourd'hui de fédérale. À la même époque, l'Empire ottoman connut une grande prospérité : d'Istanbul à Séville, du Caire à Tbilissi. Son armée faillit même prendre Vienne et Moscou. La péninsule ibérique prospéra, un bref instant, grâce à l'or accumulé par ses conquistadors. Puis ce fut au tour de la France de dominer l'Europe, en s'appuyant sur sa démographie, son agriculture, et la longévité d'un grand monarque Louis XIV. L'épopée napoléonienne fut son chant du cygne.

Le XIXe siècle fut celui de l'Angleterre triomphante. Berceau de la première révolution industrielle, elle sut imposer sa vision du libre-échange aux quatre coins du monde. En s'appuyant, au besoin, sur la flotte britannique. La Chine en sait quelque chose, puisque c'est au nom du libre-échange que l'amiral Elliot et ses quarante-huit navires de guerre bombardèrent, en juin 1840, la ville de Canton. L'Empire du Milieu entendait mettre fin à la contrebande de l'opium, organisée par la Compagnie anglaise des Indes orientales, avec le plein appui de l'Angleterre. Cette première guerre de l'Opium, qui accéléra l'effondrement, l'implosion de la Chine impériale, avait pour origine un déséquilibre... de balance commerciale. Déjà !

L'Angleterre, alors en plein boom économique, achetait énormément à la Chine : meubles, tissus, vêtements, épices et thé. Les Anglais étaient devenus *addicts* au thé chinois. À tel point que des milliers d'hectares, alors consacrés au coton en Chine, avaient été reconvertis en plantations de théiers. Les mandarins chinois, méfiants à l'égard des instruments monétaires inventés en Occident, exigeaient que leurs exportations soient payées en monnaie d'argent. Ce qui obligeait l'Angleterre à importer ce métal précieux, du Japon et d'Espagne.

Les Chinois, qui n'avaient lu ni David Ricardo, ni Adam Smith, se refusaient obstinément à importer des produits britanniques, estimant ne pas en avoir besoin. Par conséquent, la balance commerciale britannique accumulait les déficits et les navires de la Compagnie des Indes effectuaient à vide le trajet Bombay-Canton. C'est alors que germa l'idée de rendre les Chinois, à leur tour, *addicts* à un produit : l'opium. On allait les « forcer » à en importer et à le consommer.

Au fil des ans, le trafic prend de l'ampleur. La drogue entre en contrebande. La corruption aidant, les autorités chinoises sont impuissantes à endiguer le phénomène. Tout comme aujourd'hui les pays occidentaux ne parviennent pas à lutter efficacement contre le trafic de drogue. Peu à peu, les balances commerciales s'inversent. Les monnaies d'argent, accumulées par la Chine grâce à ses exportations, repartent massivement vers l'Angleterre et les armateurs anglais. Ces derniers font payer l'opium aux consommateurs chinois, qui se recrutent à l'époque dans les classes aisées, en monnaie d'argent. C'est bien parce qu'il voyait les caisses se vider que l'empereur et ses mandarins décidèrent de s'attaquer au commerce de l'opium et de le bloquer. C'est bien pour une question de déséquilibre du commerce extérieur que la flotte britannique alla bombarder Canton. L'Empire du Milieu, qui avait su préserver, durant deux millénaires, sa puissance et son indépendance, s'effondre. Commence, pour les Chinois, le « siècle de l'humiliation ».

Le XIXe siècle marquera l'apogée de l'empire britannique. La France, affaiblie par sa défaite de 1870 contre la Prusse et la perte de l'Alsace-Lorraine, ne lui contestera plus le leadership du monde occidental. Les deux ennemis héréditaires vont même se retrouver côte à côte, face aux ambitions de ce nouvel empire allemand, qui émerge en Europe continentale, à partir de la Prusse. Privée de colonies, la nouvelle Allemagne impériale va bâtir sa prospérité sur un mélange de protectionnisme et de mercantilisme. Bismarck jette les bases de l'ordolibéralisme, qui est, depuis plus d'un siècle, la marque de fabrique de l'Allemagne (hormis l'épisode tragique de l'entre-deux-guerres).

La Première Guerre mondiale laisse les principaux belligérants exsangues. La France a perdu deux millions d'hommes, auxquels s'ajoutent plus de six millions de blessés, de gueules cassées. Un pays ruiné, puisque son système financier avait imprudemment placé l'essentiel de l'épargne des Français hors de France, notamment en emprunts russes. Au lendemain de la guerre, les deux tiers de cette épargne se sont évaporés. Comment payer la dette accumulée, pendant la guerre, auprès des États-Unis ? En faisant payer une Allemagne, elle-même exsangue. Et c'est ainsi que l'on allait, pour une question de dettes, rédiger un traité de Versailles... contenant les germes du conflit suivant.

Les dérives d'un capitalisme financier sans contrôle débouchent sur la crise de 1929. Les déséquilibres commerciaux s'amplifient. Le chômage de masse s'installe. Les faillites bancaires ruinent les épargnants. Les extrémistes de tous bords prospèrent. Le champ est libre pour tous les totalitarismes. Il n'y a plus d'empire dominant dans le monde, mais des mini-empires qui prétendent dominer à leur tour. Le Japon en Asie. L'Allemagne en Europe. Staline, lui, cherche d'abord à consolider son pouvoir en URSS. Aux États-Unis, l'isolationnisme est majoritaire. Les vieilles démocraties, fatiguées, traumatisées par la boucherie de la Grande Guerre sont incapables de réagir face à cette Allemagne qui ne cache plus ses ambitions hégémoniques.

Au début de 1945, à Yalta, ils sont trois à définir les contours du monde de l'après-guerre. Pour se le répartir. En réalité, le troisième, Winston Churchill, fait déjà de la figuration. Ce monde sera bipolaire, s'articulant autour de deux empires : l'américain et le soviétique. Français et Anglais prendront conscience de ce duopole en octobre 1956. Moscou et Washington bloquent l'opération militaire franco-britannique visant à récupérer le canal de Suez nationalisé par Nasser. Quelques jours plus tard, Washington laissera les chars soviétiques écraser l'insurrection en Hongrie.

Pendant quarante ans, les deux empires vont s'affronter idéologiquement, voire militairement, par alliés interposés. Mais ils sauront toujours éviter le conflit direct. La guerre froide, oui. La guerre tout court, non. L'Empire soviétique va s'effondrer, presque tout seul, miné de l'intérieur par un système économique construit sur du vent.

Au lendemain de la chute du mur de Berlin, il n'y a plus qu'un seul empire, un seul modèle : l'Empire américain, qui a su allier performances économiques et libertés individuelles. Pour le bien, en principe, du plus grand nombre. C'est le triomphe du modèle démocratique occidental. La fin de l'Histoire, comme certains se hasarderont à le prédire.

En ces temps-là, bien peu s'intéressent à la Chine. Elle est même l'objet de l'opprobre générale, le parti communiste chinois n'ayant pas hésité à envoyer les chars sur la place Tian'anmen pour mater les étudiants qui revendiquaient plus de libertés et militaient pour une démocratie à l'occidentale. Et chacun de comparer cette répression avec ce qui se passait à Moscou. La Russie basculait, du jour au lendemain, dans le libéralisme le plus effréné. Ces conseillers américains expliquaient aux nouveaux dirigeants russes qu'il ne pouvait pas y avoir de développement économique sans un libéralisme total. C'est-à-dire, sans la disparition de l'État.

Le parti communiste chinois comprit alors que s'il mettait le doigt dans cet engrenage, non seulement il allait y perdre le pouvoir, mais le pays risquerait de revenir un siècle en arrière, à l'époque des seigneurs de la guerre et de la domination étrangère. Céder à la pression des Occidentaux et de leurs médias, c'était mettre en péril non seulement les acquis de la guerre d'indépendance menée par Mao et de sa victoire en 1949 contre Tchang Kaï-chek, mais aussi ceux de la politique d'ouverture, élaborée en 1978 par Deng Xiaoping autour du concept d'« économie socialiste de marché ».

Pour des générations de Chinois, Mao et Deng sont des icônes. Ils incarnent cette sorte de synthèse que la Chine, forte de ses épreuves et de son passé, a réalisé entre les trois grandes idéologies qui ont dominé le monde depuis trois siècles : le capitalisme, le communisme, le nationalisme. La Chine est capitaliste pour l'économie. C'est-à-dire qu'elle accepte les principes du marché, de la propriété privée, de l'enrichissement personnel. Elle est communiste pour l'organisation politique, car c'est le règne du parti unique. Elle est éminemment nationaliste. C'est même là le ciment principal qui assure la cohésion sociale et permet de surmonter la contradiction entre un capitalisme qui devrait aller de pair avec la démocratie politique et un communisme qui n'accepte pas l'économie de marché.

Depuis trente ans, patiemment, la Chine poursuit un objectif : retrouver son rang, redevenir la première puissance mondiale, prendre sa revanche sur le siècle de l'humiliation. Pour ce faire, elle a choisi de s'appuyer sur une stratégie mercantiliste, c'est-à-dire de faire reposer son développement économique sur l'exportation, accumulant ainsi des excédents commerciaux, et des réserves financières, tandis que les Américains et les multinationales occidentales assurent le succès de cette stratégie.

Depuis l'entrée de la Chine dans l'Organisation mondiale du commerce (OMC), en septembre 2001, ses excédents se sont envolés et les déficits de ses clients se sont creusés. À commencer par ceux des États-Unis. Ces déséquilibres commerciaux se transforment mécaniquement en dette publique et privée. La Chine, dès lors, tient sa revanche. Le XXIe siècle ne sera pas uniquement le siècle des Américains, mais il sera aussi celui des Chinois et des Allemands. Car un autre pays a patiemment préparé son *come-back*, sa revanche : l'Allemagne. Depuis sa réunification et l'élargissement de l'Union européenne à l'est, les rapports de force au sein de la vieille Europe ont changé. À son profit. Avec l'avènement d'Internet, des réseaux, de ce monde où le virtuel se substitue au réel, on a tendance à gommer les fondamentaux. À commencer par la géographie : la simple analyse des cartes en apprend souvent plus que bien des discours.

Hier, la France était le lieu géométrique de l'Union européenne. Les grandes voies de communication, notamment entre le nord et le sud, transitaient par elle. Aujourd'hui, Berlin et l'Allemagne sont au centre de l'Europe élargie. Une très grande partie du commerce de l'Union européenne avec les Amériques et l'Asie du Sud-Est transite par ses ports et ceux des Pays-Bas. Une fois de plus, la France n'a pas su mettre à profit un de ses atouts naturels : sa façade maritime. Ce rôle des ports n'est pas pour rien dans les déséquilibres commerciaux à l'intérieur de l'Union européenne. Car l'Allemagne et ses deux alliés naturels, l'Autriche et les Pays-Bas, une fois la réunification digérée, engrangent les excédents commerciaux. Ses autres partenaires européens — de la France à l'Espagne, en passant par tous les autres pays du Sud — accumulent les déficits.

L'économie — n'en déplaise aux économistes de profession ! — n'est pas une science exacte. Les innombrables indicateurs, à commencer par le PIB, sont souvent sujets à caution. Reste que quelques données de base témoignent des évolutions de l'économie mondiale et des positions respectives des uns et des autres. Dès lors qu'on les globalise et qu'on les analyse sur une longue période. Il en est ainsi de la balance des comptes courants. C'est, pour schématiser, le solde de ce qui rentre dans un pays et de ce qui en sort chaque année. Cela englobe les échanges de biens et de services, les revenus des capitaux investis à l'étranger et les transferts financiers des travailleurs immigrés et des retraités.

Depuis 2001, les déséquilibres des balances des comptes courants n'ont cessé de s'accroître. Y compris depuis la chute de Lehman Brothers et le début de la grande crise mondiale. Sur dix ans, entre 2001 et 2011, la Chine et Hongkong ont accumulé 2 300 milliards de dollars d'excédents ; le Japon, 1 580 milliards. Les pays pétroliers ont, eux, engrangé près de 2 000 milliards. Auxquels il faut ajouter les excédents de cet émirat nordique qu'est la

Norvège (485 milliards de dollars) et ceux de la Russie (690 milliards de dollars). En face, il y a les pays déficitaires. Ou plutôt, un pays déficitaire : les États-Unis, avec 6 000 milliards de dollars ! Pour mémoire, les autres grands pays émergents, tels que le Brésil, l'Inde, le Mexique, l'Afrique du Sud, ou même l'Australie qui vend beaucoup de matières premières, affichent tous des déficits. Ces pays, qui n'ont pas choisi le modèle mercantiliste, sont de gros consommateurs de biens fabriqués en Asie du Sud-Est, en Chine et au Japon.

Et l'Europe ? Elle est, globalement, à l'équilibre. Avec d'incroyables disparités. Ainsi, en dehors de la zone euro, le Royaume-Uni affiche un déficit de 530 milliards de dollars. Et les cinq pays de l'Est, de 360 milliards. Seuls la Suède (+ 290) et le petit Danemark (+ 100) sont positifs. À l'intérieur de la zone euro, les différences de situation sont spectaculaires. Avec six pays qui affichent un excédent total de 2 440 milliards sur dix ans, dont 1 740 pour la seule Allemagne. Et les onze autres — essentiellement l'Europe du Sud et la France — dont le déficit tangente les 2 000 milliards de dollars. Les excédents des uns sont bien les déficits des autres. Au niveau mondial, ceux des deux pays qui ont choisi une stratégie mercantiliste — la Chine et le Japon — et ceux des pays pétroliers qui vivent sur leur rente sont obtenus sur tous les pays. En revanche, ceux de l'Allemagne ont été, pour les deux tiers environ, réalisés à l'intérieur de l'Europe. L'élargissement à l'est lui ayant doublement profité, comme zone de bas coût de main-d'œuvre et comme client. L'Allemagne réunifiée a, plus que jamais, renoué avec la stratégie mercantiliste de l'époque bismarckienne.

Malgré les exhortations des uns, les vœux pieux des autres, les communiqués lénifiants du G20 appelant à un rééquilibrage des balances commerciales, rien n'a changé. En 2012, les mercantilistes et les pétroliers ont continué d'accumuler des excédents de leur balance des comptes courants. La Chine et l'Allemagne sont pratiquement sur la même ligne : avec 213 milliards de dollars d'excédents pour la première et 208 milliards pour la seconde. Idem en 2013 : +224 milliards pour la Chine et +214 milliards pour l'Allemagne. En bas du tableau : les États-Unis. Malgré la diminution de leur facture énergétique extérieure grâce à l'exploitation du pétrole de schiste, leur déficit annuel est encore proche des 500 milliards de dollars. La France est le plus mauvais élève de la zone euro avec 58,7 milliard de déficit en 2012 et 43 milliards de dollars en 2013. Mince consolation : le Royaume-Uni est au même niveau. Reste que globalement, grâce aux excédents de l'Allemagne et des Pays-Bas, la zone euro et même l'Union européenne sont toujours excédentaires. Ce qui justifie la bonne tenue de l'euro face au dollar. Avec la crise, les déséquilibres ne se sont donc pas réduits. Bien au contraire. La Chine et l'Allemagne apparaissent comme les grands gagnants de ce début de millénaire.

Il y a plus que des similitudes dans le parcours de ces deux pays depuis une vingtaine d'années. Ils ont tous deux clairement misé sur le mercantilisme et privilégié l'exportation, tout en freinant volontairement leur consommation intérieure. Ils ont tous deux choisi, par des voies différentes, de ne pas favoriser la natalité, ce qui a permis d'accroître plus vite le PIB par tête d'habitant. Avec comme contrepartie, un vieillissement accéléré de la population. Tous deux ont un passé à exorciser. Tous deux ont habilement utilisé l'arme monétaire. L'un en s'indexant sur le dollar pour faciliter ses exportations, l'autre en imposant sa conception de la monnaie à ses partenaires, notamment à la France. L'euro est, progressivement, devenu le mark. Avec un objectif : favoriser l'industrie allemande, à l'intérieur comme à l'extérieur de l'Europe. Désormais, la Chine affirme ouvertement ses ambitions : redevenir la première puissance mondiale. L'Allemagne, elle, est devenue, presque sans le vouloir, le nouveau maître de l'Europe. Elle avait perdu la guerre. Elle a gagné la paix.

Il y a quelques années, la mode était au G2. Le centre du pouvoir, disait-on, basculait dans le Pacifique. Les deux empires, qui bordaient les deux rives de cet océan, allaient cogérer le monde. Ce concept de Chinamérique n'aura duré qu'un court instant. Aux États-Unis, on a enfin pris conscience des ambitions chinoises. D'autant qu'elles rappellent celles du Japon dans les années 1930, mais aussi dans les années 1970-1980, lorsque les produits japonais déferlèrent sur le marché américain et que les groupes nippons commencèrent à rafler des fleurons de l'industrie américaine. Avec une certaine arrogance, le Japon pensait tenir sur le terrain économique la revanche de sa défaite de 1945. Il envisageait même que sa monnaie devienne un concurrent du dollar. C'était là un crime de lèse-majesté. Le rapprochement avec la Chine, initié par Richard Nixon, allait permettre aux États-Unis de faire rentrer le Japon dans le rang.

Une des contreparties à l'accord sur la rétrocession de Hongkong a été l'indexation en 1983 (« peg ») du dollar Hongkong sur le dollar américain. Hongkong étant la zone privilégiée des échanges entre la Chine et l'Occident, la monnaie chinoise commerciale non convertible s'indexait *de facto* sur le dollar Hongkong. Cela revenait à faire basculer la Chine dans la zone dollar. Tel était le but recherché tant par Beijing (Pékin) que par Washington. Les rêves d'une zone yen étant mort-nés, Tokyo ira à Canossa, lors d'un sommet du G7 à l'hôtel Plaza en 1985, et devra réévaluer le yen qui, en un an, s'appréciera de 100 %, faisant ainsi entrer le Japon dans l'ère de la stagflation.

Après un quart de siècle de croissance zéro et après la catastrophe de Fukushima, le Japon se devait de changer de politique. La principale ressource du pays résidait dans ses excédents commerciaux, grâce à sa stratégie de bazar (fort similaire à celle de l'Allemagne) consistant à produire des sous-ensembles dans des pays proches, notamment en Chine, à bas coût de main-d'œuvre et à monnaie faible, par rapport au yen. Avec l'arrêt d'une bonne partie des centrales nucléaires, la facture énergétique du pays s'est envolée. Il semble qu'une partie de la classe politique japonaise, notamment au sein du parti libéral démocrate, ait alors envisagé un rapprochement de grande ampleur avec Beijing. En commençant par un accord monétaire, où les deux pays s'engagent à libeller une part croissante de leur commerce dans leur propre monnaie, le yuan et le yen... à la place du dollar. Cet accord résonnait comme un double avertissement pour les Américains. Face à un axe sino-japonais, l'empire avait du souci à se faire. La réaction n'a pas tardé. Tout comme l'idée de zone yen avait été étouffée dans l'œuf, il y a un quart de siècle, le rapprochement Beijing-Tokyo a vite tourné court. La querelle autour de quelques îlots en mer de Chine ayant fort opportunément ressurgi, le Japon est revenu dans le giron des États-Unis.

À Washington, on a pris conscience, certes tardivement, que l'alliance privilégiée avec la Chine, poussée par le lobby des multinationales, risquait d'être un marché de dupes. Au bout du compte, c'était bien la place de leader du monde qui était en jeu. D'accord pour un G2. À condition que la Chine reste au deuxième rang. Or telle n'est pas son intention. Dès lors, la diplomatie américaine s'est remise en mouvement. Elle organise une stratégie du *containment* en Asie du Sud-Est cherchant à fédérer les voisins de la Chine, inquiets de sa montée en puissance. Le Vietnam, les Philippines, la Malaisie, et le Japon, ennemi ancestral de l'Empire du Milieu. La diplomatie américaine, qui avait oublié le Vieux Continent, délaissé l'Atlantique au profit du Pacifique, commence à réviser ses positions. Ne serait-ce que pour éviter la formation d'un nouvel axe Beijing-Berlin, une alliance des deux champions du mercantilisme : la Chinallemagne, qui se substituerait ainsi à la Chinamérique.

Barack Obama a accepté de rouvrir la négociation avec l'Union européenne, enterrée depuis des lustres. Ainsi, les États-Unis se remettent au centre du jeu. À l'est, l'empire fédère les opposants de la Chine. À l'ouest, il offre des gages à l'Allemagne, ou plutôt à ses industriels, en leur offrant le marché américain. Non seulement pour y vendre, mais pour y produire. Barack Obama a fait prendre le virage de la troisième révolution industrielle. Il s'agit d'investir, d'innover et de reconstruire l'appareil de production américain. L'objectif est clair : relocaliser la production des biens et services de demain. En offrant aux entreprises une main-d'œuvre qualifiée, moins chère qu'en Europe, une recherche dynamique et une énergie bon marché grâce au gaz de schiste. Le tout, avec une monnaie que la Federal Reserve Bank (Fed) et le gouvernement américain savent contrôler, pour ne pas dire manipuler, afin d'améliorer encore la compétitivité des produits *made in USA*.

Chine, Allemagne, États-Unis, c'est autour de ces trois empires que le XXIe siècle semble s'organiser. La France est, pour le moment, absente de ce vaste kriegspiel mondial. Elle paie là ses illusions européistes. Car l'Union européenne, qui n'est pas une nation, ne saurait être un empire. C'est tellement vrai que, pour les Chinois, le visage de l'Europe, c'est d'abord celui d'Angela Merkel. Tout comme pour Barack Obama.

La France en rêvait. L'Allemagne l'a fait. La « Grande Nation », comme on continue de la surnommer outre-Rhin, espérait construire une Europe à son image. Elle ne s'en cachait pas. L'Allemagne n'a rien dit de ses ambitions. Mais, depuis sa réunification, c'est elle qui pas à pas bâtit une Europe allemande. Là où Guillaume II, sans parler de Hitler, avait échoué en utilisant les armes, Helmut Kohl, Gerhard Schröder et Angela Merkel sont en passe de réussir par l'économie.

L'issue de ce kriegspiel mondial n'est pas écrite. Aucun des acteurs ne souhaite un affrontement majeur, militaire. C'est tout au plus le retour à une certaine guerre froide, avec le monde occidental d'un côté, et les ex-communistes de l'autre. Les Chinois qui le sont toujours, et les Russes qui décidément ne comprennent rien aux vertus de la démocratie à l'occidentale. Avec aussi cet Islam que l'on voudrait bien oublier, gommer; en laissant au petit Israël la charge d'éviter un embrasement généralisé de la région, ou en espérant que les modérés Iraniens tempéreront les aspirations nucléaires du pays. Et que la faiblesse et l'émiettement des Balkans ne réveilleront pas les ambitions d'une Turquie héritière de l'Empire ottoman. Pour le reste, on laisse les factions, les extrémistes s'affronter. Le printemps arabe a très vite tourné à l'hiver arabe. Mais finalement qui s'en soucie désormais à Washington, Berlin ou Beijing? Plus grand monde. Les trois empires se contentent de gérer les débordements du terrorisme. Tant pis pour ceux qui, par la géographie, se retrouvent en première ligne face à la montée du fanatisme religieux, de l'islamisme radical.

PREMIÈRE PARTIE

L'Empire du Milieu face à l'hyperpuissance

1
Les héritiers de l'Empire

C'est une résidence fort discrète, à quelques encablures du Palais d'été et de ses hordes de touristes, au nord de Beijing. Seule la présence d'une kyrielle de militaires devant la grille d'entrée et le long des murs d'enceinte témoigne de l'importance du lieu. L'école du Comité central du parti communiste chinois peut être considérée, depuis sa création en 1933 par Mao Zedong, comme le cœur du pouvoir en Chine. Ou plutôt, comme le lieu privilégié par lequel tout dirigeant du Parti se doit de passer. Ce vaste parc d'une centaine d'hectares abrite des tombes. Ce ne sont pas celles de mandarins, mais de quelques jésuites, venus évangéliser, au XVIe et au XVIIe siècle, cette lointaine contrée. Fascinés par la civilisation chinoise, ils n'avaient pas fait beaucoup d'adeptes, mais le pays les avait adoptés. Au milieu du parc, un grand bâtiment datant du XVIIIe siècle abrite les étudiants venus des quatre coins du pays. Le terme d'étudiant est en fait inapproprié, cette école n'ayant rien d'un campus à l'américaine. Pas de parking pour bicyclettes ou scooters, mais des dizaines d'Audi noires parfaitement alignées : les véhicules de fonction des stagiaires.

Depuis sa création, plus de soixante mille fonctionnaires sont passés par cette école du Comité central. Le développement économique aidant, un second établissement a été installé à Shanghai. Chaque année, des milliers de stagiaires transitent par l'école, qui propose plusieurs cycles de formation, le plus long et le plus prestigieux allant jusqu'à un an. Les gouverneurs provinciaux y côtoient de jeunes fonctionnaires et des responsables locaux du Parti. On y délivre, bien sûr, des cours théoriques sur les principes du marxisme et du rôle dirigeant du Parti. Mais, paradoxalement, cette école est aujourd'hui un des lieux où l'avenir de la Chine, ses problèmes, les réformes éventuelles, les orientations futures sont discutés le plus ouvertement. Au fil des ans, elle s'est ouverte sur l'extérieur, en recevant des leaders politiques étrangers et des *businessmen*.

Mario Monti, Angela Merkel, Herman Van Rompuy y ont donné des conférences. Ils y ont croisé à l'époque Xi Jinping, le nouvel homme fort de la Chine, alors directeur de l'école, où il avait succédé à Hu Jintao. Aujourd'hui, le nouveau directeur, Liu Yunshan, membre du comité permanent du bureau politique du Comité central, est le numéro cinq du régime. Cette ouverture sur l'extérieur a une contrepartie : la discrétion. « Il n'y a pas de thème proscrit pour les enseignants. Les fonctionnaires politiques doivent rester discrets en public, mais en classe c'est différent. Ils peuvent débattre sans limite sur des sujets de discussion variés », explique le professeur Wu Zhongmin. C'est là, effectivement, depuis quelques années, que l'on débat du modèle chinois. Avec désormais une conviction, comme le reconnaît un des directeurs de l'école, que « seuls la réforme et les changements apportés au Parti lui permettront de rester au pouvoir ».

Pour bien comprendre le rôle de cette école, qui est à l'échelle de la Chine ce que l'ENA a été à la France, il faut se replonger dans l'histoire du pays. Le Parti a toujours été chinois, avant d'être communiste. Son organisation, sa structure, ses rites, ses modes de sélection sont en réalité la transposition du système de pouvoir qui a prévalu en Chine pendant plus de deux millénaires. L'école du Comité central a purement et simplement pris la succession de l'Académie impériale, qui formait la bureaucratie, les mandarins, au service de l'empereur et du peuple.

L'Académie était le symbole du confucianisme, cette philosophie qui, depuis deux mille cinq cents ans, a tenu lieu de religion d'État. Confucius, dont l'enseignement était ouvert à tous et pas seulement aux fils de princes, prônait un système de valeurs ayant pour but l'harmonie des relations humaines. L'homme ordinaire peut modifier son destin, pourvu qu'il le veuille, en ait les capacités et acquière des compétences en étudiant et en travaillant. Il n'y a pas de situation acquise, pas de noblesse du sang. Certes, pour Confucius, la soumission au père, le chef de famille, et au prince, l'empereur, fils du ciel, allait de soi. En revanche, ces derniers avaient un devoir envers leurs familles, leurs proches, à l'égard du peuple : assurer leur bien-être. Les mandarins, les fonctionnaires issus de ce système méritocratique se devaient de bien gérer pour le compte de l'empereur et du peuple. Une fois le fonctionnaire nommé, lui et sa famille s'extraient de la masse de la population pour accéder à la classe dirigeante et aux privilèges qui s'y rattachent. Ses prérogatives et sa fortune dépendent de sa compétence à créer du bien-être pour la population. Telle est, en principe, la tâche que l'empereur assigne à ses mandarins.

La Chine, contrairement aux monarchies occidentales, ne s'est pas organisée autour d'un clergé et d'une noblesse de sang. L'empereur, qui détient un pouvoir divin, est le clergé à lui tout seul. Sa noblesse n'est pas héréditaire.

Lorsque l'empereur et ses fonctionnaires gèrent mal, le ciel se venge par des catastrophes naturelles. Lorsque l'empereur et ses mandarins ne respectent plus les règles de base du confucianisme, le peuple peut se révolter. Ce non-respect de la méritocratie fut même à l'origine du premier mouvement paysan en 209 avant Jésus-Christ. « Le sang doit-il décider de la destinée des hommes, s'interrogeait Chen Sheng, le chef de cette révolte. Si une personne à force de travail dépasse les autres en excellence, son origine doit-elle l'empêcher d'accéder au pouvoir et de jouir du prestige qui lui est attaché? » L'empereur d'alors fut balayé. Remplacé par un fils de paysan, qui créa la dynastie des Han. Au cours de sa longue histoire, la Chine a connu d'autres révoltes de paysans, qui aboutirent parfois à des changements de dynastie. Toutes ces révoltes avaient en général les mêmes causes : appauvrissement de la population, montée des inégalités, blocage du système méritocratique.

Pour comprendre les débats, les tensions qui agitent la Chine de ce troisième millénaire, il faut toujours avoir présent à l'esprit ce modèle confucéen. Tant que les mandarins et l'empereur hier, le parti communiste aujourd'hui œuvrent pour le bien commun, permettent la croissance et l'enrichissement d'une classe moyenne, donnent à chacun, quelle que soit son origine, la possibilité d'accéder aux plus hautes fonctions, le système perdure. Si Mao Zedong et Deng Xiaoping figurent au Panthéon des grands hommes chinois, c'est parce que le premier, malgré les dizaines de millions de morts qui ont marqué son règne, a redonné à la Chine son indépendance. Le second a été l'inspirateur de cette « économie socialiste de marché » qui a fait sortir le pays du sous-développement et l'a propulsé en trente ans au deuxième rang mondial. Mais si la croissance patine, si les inégalités se creusent, si la population a le sentiment que le pouvoir est confisqué par une oligarchie héréditaire, le risque d'une crise intérieure n'est plus à écarter.

Or beaucoup de clignotants sont passés, au cours des dernières années, à l'orange, voire au rouge. Pendant trente ans, le modèle chinois était simple : tout faire pour favoriser l'exportation, en attirant les multinationales, afin qu'elles produisent sur le sol chinois, à destination des marchés solvables d'Occident et du Japon. La Chine proposait une main-d'œuvre bon marché, corvéable à merci. Avec des règles environnementales quasi inexistantes, des infrastructures modernes, construites à la va-vite, grâce à des crédits sans limites d'un système bancaire contrôlé par l'État. Le tout, avec une monnaie indexée sur le dollar, qui permettait aux multinationales de produire sans risque de change en zone dollar, pour vendre sur le marché mondial en dollars. Ce modèle purement mercantiliste a permis à la Chine d'accumuler des réserves financières considérables — celles de la Banque de Chine dépassent les 3 500 milliards de dollars — et de constituer en trente ans une vaste classe moyenne.

Schématiquement, on peut diviser aujourd'hui la Chine en trois tiers. On estime que plus de 100 millions de Chinois sont encore au-dessous du seuil de pauvreté et vivent avec 1 dollar par jour. Il y a aussi les paysans dans les campagnes dont beaucoup restent pauvres. Certains s'en sortent non par la seule exploitation de leurs lopins de terre, mais par la location saisonnière de leur force de travail.

Deuxième tiers : les travailleurs de base des usines, qui ont poussé comme des champignons dans tout le pays, une classe à laquelle il faut adjoindre les fameux *ming gong*, ces travailleurs embauchés au jour le jour, sans aucune protection sociale, voire sans domicile fixe. Ces *ming gong*, qui seraient encore près de 200 millions, ne sont d'ailleurs pas sans rappeler la main-d'œuvre ouvrière du XIXe siècle, décrite par Charles Dickens ou Émile Zola.

Troisième tiers : la classe moyenne. On peut l'évaluer aujourd'hui à près de 500 millions de personnes, avec de très grandes disparités en son sein. On y trouve le personnel des usines de la côte, des grandes zones urbaines. Les entreprises étrangères ou chinoises ont relevé sensiblement les salaires au cours des dix dernières années. Ils sont désormais de 250 dollars par mois, en moyenne, et peuvent même atteindre, dans certains cas, 400 dollars. Avec une durée de travail hebdomadaire, non de trente-cinq heures, mais qui peut aller jusqu'à soixante heures. Dans le secteur hôtelier, la restauration, les revenus sont au même niveau. On compte 120 millions de foyers dont le revenu moyen annuel atteint 40 000 yuans (7 400 dollars) par an. Ils devraient être 280 millions en 2020. Le gouvernement s'est engagé à ce que les salaires augmentent en moyenne de 13 % par an jusqu'en 2015.

Enfin, il y a, au sommet, les riches et même les hyperriches : entrepreneurs privés, qui ont fait fortune ; promoteurs immobiliers, qui ont accumulé les millions au fur et à mesure que les tours proliféraient ; cadres supérieurs des entreprises d'État et tous ceux qui travaillent avec l'étranger. Officiellement, il y a 315 milliardaires en dollars et plus de 1 million de millionnaires. On trouve aussi dans cette *upper class* les cadres dirigeants du Parti et les hauts fonctionnaires, dont l'enrichissement est sans commune mesure avec leur maigre salaire. Il y a aujourd'hui en Chine beaucoup d'argent qui circule.

2

Apple et la Chine : un cas d'école

Pendant trente ans, le succès de l'économie socialiste de marché a reposé sur une trilogie. Celle des trois « M » : main-d'œuvre, multinationales, monnaie. « J'offre ma main-d'œuvre aux multinationales, pour qu'elles produisent sur mon sol les biens qu'elles vont vendre ailleurs, en leur garantissant une parité monétaire avec le dollar. » On s'est longtemps focalisé, en Occident, sur la montée en puissance des Chinois dans le textile, les jouets, les biens de consommation bas de gamme. Avec toujours un train de retard. Quand on invoquait l'invasion des tee-shirts *made in China*, les Chinois étaient déjà devenus l'usine du monde de l'électronique grand public, des ordinateurs, des téléphones portables et de ces petites merveilles de technologie que sont les produits d'Apple.

L'exemple de la firme à la pomme illustre cette alliance entre la Chine et une multinationale icône de la technologie américaine, symbole des réussites et du dynamisme de la Silicon Valley, en Californie. En 2012, la quasi-totalité des 135 millions d'iPhone, 65 millions d'iPad et 60 millions d'autres articles comme les iMac vendus par la marque ont été fabriqués hors des États-Unis, essentiellement en Asie, dans les usines de Foxconn. Cette entreprise taïwanaise est un des premiers employeurs mondiaux avec 1,3 million de travailleurs[1]. À Shenzhen, entre Hongkong et Canton, dans cette zone côtière qui fut le berceau des premières expériences de libéralisation de l'économie, son usine est une ville dans la ville, rebaptisée « Foxconn City ».

Le groupe taïwanais est comme un poisson dans l'eau en Chine. Au fil des ans, les liens économiques entre la grande Chine et l'île où s'était réfugié Tchang Kaï-chek n'ont cessé de se développer. Jusqu'à la rétrocession de Hongkong, les flux financiers, les investissements taïwanais vers le continent transitaient par Hongkong. Depuis une quinzaine d'années, les relations se font en direct. Taïwan garde son indépendance, son armée. Sa classe politique peut ainsi conserver son pouvoir et ses émoluments, mais les milieux économiques, eux, travaillent la main dans la main avec les dirigeants chinois. S'ils devaient choisir entre Beijing et Washington, nul doute qu'ils choisiraient celle dont ils sont culturellement et ethniquement les plus proches. Car la prospérité économique de Taïwan n'existerait plus sans la Chine continentale.

Les géants occidentaux de l'électronique se sont massivement tournés vers la Chine au début du millénaire. L'entrée de Beijing à l'OMC, en septembre 2001, a servi de détonateur. Le lobby prochinois, très efficace à Washington, obtient, après l'an 2000, que le congrès américain gèle les droits de douane sur les produits importés de Chine. Une décision reconduite année après année. Par conséquent, les multinationales accélèrent leurs délocalisations. Ce qui les

1. Foxconn est la filiale du groupe Hon Hai Precision, dont les comptes sont peu transparents. Il aurait réalisé, en 2012, 110 milliards de dollars de chiffre d'affaires, dont le tiers provenant d'Apple. Plusieurs cadres supérieurs de l'entreprise sont accusés d'avoir touché de très importants « pots-de-vin » de la part de leurs clients étrangers.

intéresse en Chine c'est, bien sûr, une main-d'œuvre bon marché. Mais ce n'est pas que cela. Elles vont y trouver des capacités de production et une réactivité bien supérieures à ce que l'on peut leur offrir au Japon ou en Occident.

Avec la mondialisation, on a changé d'échelle. On ne produit plus pour des marchés locaux, régionaux, en implantant sur place des usines. Les normes, les droits de douane, les habitudes des consommateurs poussaient à une localisation par grandes zones géographiques. Lors des Trente Glorieuses, les géants américains de l'automobile n'ont jamais exporté de voitures vers l'Europe. Ils s'y sont installés ou ont racheté des constructeurs locaux, pour y produire des voitures selon les critères européens. Lorsque IBM régnait sur l'informatique mondiale, le groupe se vantait d'être un bon citoyen partout où il vendait. Il implantait usines et laboratoires, et payait ses impôts, là où son chiffre d'affaires était le plus important.

Avec la mondialisation, on uniformise les produits. En les fabriquant là où on peut produire en masse, le moins cher possible. Là où l'organisation de l'appareil de production permet de réagir très vite aux innovations, dont le rythme s'accélère lui aussi. La mondialisation va de pair avec l'« internetisation » du monde. Il faut inventer sans cesse de nouveaux produits, pour lutter contre la concurrence et garder sa place. Les modes se démodent de plus en plus vite. Au nom de l'obsolescence programmée, on ne fabrique plus un objet pour qu'il dure longtemps, mais pour que le consommateur en change rapidement. À cela s'ajoute la financiarisation de l'économie, qui va offrir aux multinationales une autre délocalisation : celle de la fiscalité. Désormais, elles vont externaliser leurs profits, là où l'impôt est le plus faible. Internet et les réseaux informatiques ont rendu possible cette optimisation fiscale, sur laquelle les États fermeront les yeux pendant plus d'une décennie.

Là encore, le cas d'Apple est éclairant. La firme a transféré massivement sa production d'ordinateurs chez Foxconn, à partir de 2004. Elle fait comme tous les autres fabricants occidentaux : Dell, Cisco, Hewlett Packard, Nokia sont des clients de Foxconn. En 2007, Steve Jobs pique une colère. L'iPhone doit être lancé sur le marché dans quelques semaines. Il dispose d'un prototype qui a, comme tous les Smartphones de l'époque, un écran plastique. Devant ses lieutenants, il le sort de sa poche et leur montre les innombrables petites rayures, qui endommagent l'écran. Pourquoi de telles rayures ? Tout simplement, dit-il, parce que l'utilisateur le met dans sa poche avec son trousseau de clefs. « Je ne veux pas vendre un produit qui s'abîme, dit-il, la seule solution c'est d'utiliser un verre spécialement traité, qui ne se raye pas. Je veux cet écran, et je le veux dans six semaines. »

Depuis deux ans, les ingénieurs d'Apple travaillaient sur cette question, en liaison notamment avec Corning, le géant américain du verre. Celui-ci se révèle incapable de répondre à l'ultimatum de Steve Jobs. Pour fabriquer des millions d'écrans dans des délais aussi courts, il fallait trouver un atelier de découpe vide et opérationnel, fabriquer des centaines de morceaux de verre pour les tester et disposer d'une armada d'ingénieurs. Impossible pour Corning aux États-Unis. C'est alors, comme le raconte le *New York Times*[1], qu'une « usine chinoise envoie un devis. Lorsque l'équipe d'Apple arrive sur place, les propriétaires construisaient déjà un nouveau bâtiment. Un ancien de l'entreprise se souvient que le directeur a lancé : “c'est au

1. *The New York Times*, 27 janvier 2012.

cas où vous nous attribueriez le contrat". Le gouvernement chinois avait accepté de financer les investissements de nombreuses industries, et ses subventions étaient parvenues jusqu'à l'usine. L'un des entrepôts était rempli d'échantillons de verre mis gratuitement à la disposition d'Apple. Les propriétaires offraient la collaboration d'ingénieurs à un coût insignifiant. Ils avaient construit des dortoirs sur le site afin que les employés soient disponibles vingt-quatre heures sur vingt-quatre. Ils ont décroché le contrat ».

Cet exemple illustre la stratégie chinoise. Non seulement on offre une main-d'œuvre malléable, mais en plus, le système financier d'État apporte du capital gratuitement pour investir dans des usines modernes. Le producteur de verre pour Apple n'est pas un cas isolé. Dans tous les secteurs, le même scénario s'est reproduit. Dans l'industrie de la pâte à papier, où les investissements se chiffrent en centaines de millions de dollars, les Chinois ont peu à peu éliminé leurs grands concurrents mondiaux, en cassant les prix à partir d'usines construites avec du capital gratuit. Idem dans le photovoltaïque où, à coups d'injection massive de crédit, l'industrie chinoise des panneaux solaires a pris une position dominante sur le marché mondial.

Quelque 250 000 salariés de Foxconn City vont assembler les iPhone et les iPad, travaillant six jours sur sept, et souvent douze heures par jour. Un quart des employés vit sur place, dans des dortoirs de six à huit lits. Ce faisant, les Chinois n'ont rien inventé. Au XIXe siècle, les corons des mineurs n'étaient-ils pas intégrés à la mine ? Lors d'une visite, au début des années 1980, de l'usine ultra-moderne de fabrication de grands ordinateurs de Fujitsu, sur les pentes du mont Fuji, j'avais été intrigué par la présence de quelques bâtiments ressemblant fort à des dortoirs. Il s'agissait effectivement de chambres pour quelques centaines d'ouvrières, qui vivaient sur place et permettaient aux groupes japonais de faire face à des pics de production. Foxconn et les autres usines chinoises n'ont fait que reproduire ce système. À l'échelle de la Chine. Ce ne sont plus des centaines d'ouvrières, mais des dizaines de milliers de salariés qui sont ainsi logés sur place. Pas de temps perdu dans les transports. Pas de temps perdu pour la vie de famille. Tout pour la production.

Le partenariat entre Apple et Foxconn confie à la firme taïwanaise le soin d'assembler la kyrielle de composants, dont les fabricants ont été choisis par l'entreprise californienne. Cela va des mémoires à la caméra, en passant par l'écran tactile, la batterie, et les innombrables composants. L'un des principaux fournisseurs est Samsung, l'autre géant coréen des Smartphones. Ce lien entre les deux groupes explique les procès qui ont été engagés par le sud-coréen sur la propriété des brevets. Les composants viennent du monde entier, du Japon, de Taïwan, quelques-uns des États-Unis et de Chine. Des estimations assez précises sur la ventilation du prix d'un iPhone ont été établies pour la première fois en 2010, par diverses études. Que disent ces chiffres ? Le coût de fabrication d'un iPhone 4S est estimé à 196 dollars. Sur ce total, le coût des composants, pour la plupart importés[1], s'élève à 180 dollars. La part de Foxconn serait de 16 dollars, dont la moitié seulement pour les salaires et charges.

L'impact sur le solde de la balance commerciale chinoise serait donc marginal. À une nuance près. Ce schéma est

1. Ils viennent du Japon (60 dollars), d'Allemagne (30 dollars), de Corée du Sud (Samsung, 23 dollars) et du reste du monde dont les États-Unis (12 dollars seulement).

valable pour la première étape du produit, c'est-à-dire à un stade où la fiabilité du processus de fabrication est essentielle, mais le coût de production secondaire. Dans un second temps, lorsqu'il s'agit de produire pour les marchés des pays émergents, l'équipe de recherche d'Apple redessine le matériel en cherchant des composants moins chers, offrant les mêmes performances. Foxconn, avec l'accord d'Apple, va alors s'adresser à des fournisseurs chinois, en leur offrant la possibilité de copier certains de ces composants. Ce qui permet de baisser les coûts, et d'accroître la part de la Chine dans la valeur ajoutée d'un iPhone. Tout le monde y trouve son compte. Surtout Apple, dont la marge sur les iPhone est considérable. Ainsi, un iPhone 4S arrive sur le marché américain, après des coûts de transport fort minimes, à un peu plus de 200 dollars. Pour un produit qui sera vendu, selon les modèles, entre 500 dollars et 600 dollars pièce. Le prix de revient de l'iPhone 5 est de 207 dollars. Il est vendu dans les Apple stores 649 dollars. Certes, il faut tenir compte des frais de recherche et développement (R&D)[1] des équipes de Cupertino, des campagnes marketing, du coût de la distribution, etc. Mais, au final, la marge sur chaque iPhone (50 % en moyenne), iPad, Mac, est telle que les bénéfices d'Apple ont explosé : 37,5 milliards de dollars en 2013 pour un chiffre d'affaires de 171 milliards. Des profits sans impôts, la firme étant passée maître dans l'art de l'optimisation fiscale. En moins de dix ans, grâce à l'OMC qui a ouvert les portes des marchés occidentaux, grâce aux travailleurs de Foxconn, grâce à cette alliance entre les multinationales et le parti communiste chinois, Apple a pu accu-

1. Apple dépense relativement peu en R&D : 3,4 milliards de dollars, soit 2 % de son chiffre d'affaires. Samsung fait trois fois plus.

muler 145 milliards de dollars de « cash », logés pour l'essentiel dans les paradis fiscaux.

La roche Tarpéienne est toujours proche du Capitole. Trop, c'est trop. Steve Jobs disparu, Apple a perdu son génie créatif. Restent les montages industriels et financiers complexes, désormais au centre de la polémique. En Chine, les suicides — pas moins de quatorze en quelques mois dans l'usine Foxconn de Shenzhen — ont attiré l'attention sur les conditions de travail de ces esclaves des temps modernes. Le groupe taïwanais a été obligé de lâcher du lest, d'augmenter les salaires (400 dollars par mois), de réduire les temps de travail (à 49 heures maximum). Au Brésil, le gouvernement a engagé un bras de fer et a contraint Apple et Foxconn à installer une usine d'assemblage d'iPad et d'iPhone. C'était cela ou des droits de douane de 35 %.

Aux États-Unis, la vengeance est un plat qui se mange froid. En février 2011, Barack Obama avait tenté d'obtenir de Steve Jobs une amorce de relocalisation. Le patron d'Apple l'avait sèchement contré : « Ces emplois ne reviendront jamais. » Son successeur, Tim Cook, a dû faire des concessions. Apple a annoncé, en 2012, un investissement de 100 millions de dollars pour l'assemblage des iMac sur le sol américain. Le groupe a également relocalisé, dans le Kentucky, une partie de la production du verre pour les écrans des iPhone et iPad. Fin 2013, il déclare que la fabrication des futurs écrans à base d'un nouveau matériau — le spahir — se fera en Arizona.

La campagne médiatique déclenchée à partir des révélations du *New York Times* sur les conditions sociales dans les usines Foxconn n'est pas étrangère à cette amorce de relocalisation. Tout comme l'offensive contre l'évasion fiscale a amené le groupe à déclarer aux États-Unis une petite partie de ses 30 milliards de dollars de bénéfices annuels.

Ainsi, le fisc américain a récupéré un peu d'impôt : 3,4 milliards de dollars en 2011, 6 milliards en 2012 et 7 milliards pour 2013. Mais c'est en Chine qu'Apple va paradoxalement rencontrer le plus de difficultés. Le marché chinois est vital pour la firme. Il est presque équivalent à celui des États-Unis et de l'Europe réunis. Il ne faut pas s'attendre à de très grandes innovations au cours de la prochaine décennie, la bataille va donc se jouer sur l'amélioration des produits existants, leur adaptation aux besoins des clients et un meilleur rapport qualité/prix.

Au premier trimestre 2013, les médias chinois ont lancé une campagne contre Apple, l'accusant de ne pas traiter le client chinois aussi bien que les étrangers en matière de service après-vente. Une offensive qui s'accompagne, en parallèle, de procédures judiciaires engagées par les sociétés chinoises. L'une d'entre elles accuse Apple d'avoir copié son logiciel de reconnaissance vocale. Dans un premier temps, Apple a fait la sourde oreille, s'imaginant que l'on pouvait traiter le client chinois comme n'importe quel autre client dans le monde, en ne tenant pas compte de son point de vue. Mais la Chine n'est pas un pays comme un autre. Le consommateur y a une sensibilité à fleur de peau, surtout lorsqu'il s'agit d'une firme américaine, dont l'arrogance est légendaire. *Le Quotidien du Peuple* publie un éditorial dont le titre est un avertissement : « En finir avec l'incomparable arrogance d'Apple ». La menace est claire. Tim Cook doit battre en retraite. Pour la première fois le groupe s'est excusé... en mandarin, et non plus en anglais.

Cette arrogance, consubstantielle à la firme de Cupertino, pourrait effectivement lui coûter cher, car elle doit faire face à une double concurrence : celle, bien sûr, de Samsung, désormais leader mondial, mais aussi celle de nouveaux venus chinois. L'Empire du Milieu est devenu, en 2013, le premier marché mondial de Smartphones, avec le tiers du milliard d'appareils vendus. La stratégie de Beijing est de faire en sorte que la croissance de ce marché soit couverte par des industriels chinois. Parmi eux : Xiaomi, dont le patron ne cache pas son intention de surfer sur l'Applemania de la classe moyenne chinoise, si friande de marques. Il présente son Smartphone comme l'« iPhone chinois », mais deux fois moins cher. À l'été 2013, la firme a lancé un téléphone baptisé « Riz rouge » à 799 yuans, soit 130 dollars. Une offre limitée à cent mille exemplaires, qui sont partis en quatre-vingt-dix secondes. Comme Apple, Xiaomi organise la rareté, crée le désir, pour vendre ensuite en masse. En 2013, elle aura vendu vingt millions de Smartphones.

Le fondateur de Xiaomi n'est pas un novice. Ce milliardaire a, depuis vingt ans, développé des entreprises de logiciels. Fasciné par le monde des Smartphones, il crée Xiaomi sur un nouveau concept : utiliser la créativité des clients, pour faire évoluer en permanence le produit. Tous les vendredis, un forum des utilisateurs se tient sur Internet. Chacun y va de sa suggestion, de son expérience. Les ingénieurs de Xiaomi font le tri et retiennent tout ce qui peut améliorer le produit. Une attitude totalement différente de celle des grandes sociétés occidentales, qui ont toujours refusé cette interactivité avec l'utilisateur. Xiaomi, avec 5 % de parts de marché, s'affirme déjà comme le numéro six sur le marché chinois, derrière Samsung, Lenovo, Huawei, mais juste devant Apple. Elle vient de débaucher un des dirigeants de Google, qui supervisait le système d'exploitation Android, pour s'attaquer au marché mondial.

3

Du marché chinois au marché mondial

La fulgurante ascension de Xiaomi n'est pas un cas isolé. Dans ce monde des télécommunications, de l'électronique, en perpétuel mouvement, le dynamisme de la Chine n'est pas sans rappeler ce qu'a connu la Silicon Valley dans les années 1970. Dans le secteur des composants — les « chips », ô combien stratégiques ! — l'exemple du chinois MediaTek est spectaculaire. Cette jeune société, créée en 2011, a pris, en moins de deux ans, 50 % du marché des composants de Smartphone en Chine. À partir d'une idée simple : elle propose un kit assemblant la plupart des composants, qui évoluent au fur et à mesure des innovations. MediaTek casse les prix. Par conséquent, ses clients vont de Huawei, premier équipementier télécoms chinois, à Lenovo, le leader mondial chinois des mini-ordinateurs. MediaTek vend également aux petits équipementiers, qui ont proliféré sur le marché chinois, en proposant des mobiles très peu chers. Xiaomi, MediaTek ont su surfer sur l'innovation, souvent venue d'ailleurs, pour l'adapter aux besoins du marché chinois, qui a ses propres caractéristiques.

Le succès d'Alibaba, la star de l'e-commerce chinois, repose sur les mêmes ingrédients. Plutôt que de copier le modèle américain, son charismatique fondateur, Jack Ma, a préféré développer son propre modèle économique, qui tient compte des spécificités du pays et de l'évolution très rapide du commerce en ligne. Il est issu d'un milieu modeste et son enfance est marquée par la Révolution culturelle. Petit professeur d'anglais dans un collège d'électronique, il accompagne une délégation officielle en 1995 à Seattle et... découvre Internet qui n'en est encore qu'à ses balbutiements. Convaincu que le web représente l'avenir, et que la Chine ne doit pas rester à l'écart de cette révolution, il va monter, avec l'appui du ministère du Commerce, un site destiné à faciliter les affaires, en mettant en relations les entreprises avec leurs fournisseurs.

Alibaba voit le jour, en 1999, dans un petit appartement à Beijing et va devenir la *success story* chinoise par excellence. Car Jack Ma a des idées, beaucoup d'idées. Les fonctionnaires pensent l'e-commerce en termes de commerce extérieur. Le web est là pour améliorer les relations entre acheteurs étrangers et fournisseurs chinois. Jack Ma, lui, pense déjà au marché chinois. Ce qui va assurer son succès. Ainsi, il sécurise les achats et les paiements des consommateurs, particuliers comme entreprises. L'argent est bloqué sur un compte jusqu'à la réception du produit. Une véritable innovation, surtout en Chine où la confiance entre acheteur et vendeur n'est pas toujours au rendez-vous. Du côté des producteurs, il propose aux PME un financement sur mesure, fonction des notes obtenues auprès des acheteurs et de leur chiffre d'affaires. Jack Ma aurait ainsi prêté 10 milliards de dollars à plus de cent mille PME locales.

Résultat de cette politique : Alibaba, qui emploie 25 000 personnes, a écarté de Chine les eBay et autres PayPal et bloqué Amazon. Son site pour les particuliers, Taobao, couvre près de 100 % du marché chinois. En 2012, quelque 170 milliards de dollars de transactions ont transité par Alibaba lui assurant un chiffre d'affaires de 4 milliards de dollars et près de 500 millions de profits. Jack Ma prépare maintenant l'introduction en Bourse d'Alibaba. Un moyen de sortir définitivement l'américain Yahoo de son capital et de trouver des capitaux pour l'internationalisation du groupe. Fort d'une croissance exponentielle — le nombre de clients a doublé en trois ans et atteint les 250 millions —, Alibaba veut se développer à l'international, et attaquer directement Amazon. Pour ce faire, il s'appuie sur les puissantes diasporas chinoises à l'étranger, et multiplie les rachats. C'est ainsi qu'Alibaba a racheté pour 170 millions de dollars Fanatics, une société américaine spécialisée dans la vente d'articles de sport. Il a également pris une participation dans ShopRunner, une start-up qui propose des services de livraison rapide, lancée en 2012 par Scott Thompson, l'ancien patron de Yahoo, renvoyé... pour avoir falsifié son CV. Coïncidence ? C'est sous la présidence de Scott Thompson que Jack Ma avait réussi à racheter à Yahoo 20 % des 43 % que le groupe américain détenait dans Alibaba.

En Occident, on commence à peine à prendre conscience de cette montée en puissance de la Chine, dans des secteurs de haute technologie, que l'on pensait chasse gardée des groupes occidentaux. Ainsi, Lenovo, qui a racheté, en 2005, l'activité PC d'IBM, est devenu le premier constructeur mondial d'ordinateurs. Ce groupe s'est développé à partir du marché chinois, dont il contrôle 35 %, avant de s'attaquer aux pays émergents, puis au reste du monde. Il a dépassé Hewlett Packard. Anticipant la chute du marché des PC, il se redéploie vers les Smartphones et les serveurs informatiques et a racheté début 2014 une partie des activités d'IBM dans ce domaine.

Il y a dix ans, le marché des équipements télécoms était dominé par des groupes comme Ericsson, le franco-américain Alcatel-Lucent, Nokia. Désormais, c'est Huawei qui a le vent en poupe. Localisé à Shenzhen, Huawei pèse près de 30 milliards d'euros de chiffre d'affaires et 2 milliards d'euros de profits en 2012. En vingt ans, il a investi 20 milliards de dollars en R&D et il est l'un des principaux déposants de brevets dans le monde. Ce qui lui a permis de devenir le leader mondial des contrats d'équipement en réseaux de la quatrième génération (4G). Il s'attaque maintenant au marché des Smartphones, dont il veut devenir le numéro un mondial devant Samsung, en s'appuyant sur la dynamique du marché chinois, notamment de China Mobile et de ses 750 millions de clients.

Dans un premier temps, on l'a vu, il s'agissait pour la Chine de produire des biens inventés et dessinés par d'autres, destinés à l'exportation. Cette phase se termine. Depuis quelques années, on est entré dans une deuxième phase : celle où les groupes chinois, ayant récupéré la technologie, fabriquent pour le consommateur local. Un marché que l'on entrouvre aux multinationales occidentales, à condition qu'elles continuent de produire sur place et d'exporter. La troisième phase est déjà bien engagée. Elle consiste, pour les groupes chinois, à partir à la conquête des marchés étrangers, en exportant, en s'implantant, ou en rachetant des entreprises. La quatrième phase s'esquisse. Elle verra la montée en puissance de marques purement chinoises. Pas seulement pour le marché local, mais pour le marché mondial.

Développer des marques chinoises

Tout comme l'électronique, l'industrie automobile illustre cette stratégie. La Chine est devenue le premier marché de la planète, avec plus de 20 millions de voitures et de véhicules utilitaires achetés en 2012 et autour de 22 millions en 2013. La quasi-totalité est produite, ou plutôt assemblée, localement. Comme le luxe, l'automobile est un des créneaux que les entreprises occidentales ont réussi à occuper directement. Elles couvrent 70 % du marché à travers des co-entreprises. General Motors, mais aussi et surtout les marques allemandes — Audi, Mercedes, Volkswagen, BMW — sont devenues le signe extérieur de richesse par excellence des hiérarques du Parti, des nouveaux riches et de la classe moyenne supérieure. Il est vrai que Volkswagen s'est implanté il y a vingt-cinq ans. Le groupe a entraîné sa filiale Audi dans son sillage. BMW a suivi et Mercedes beaucoup plus tard. Obligés de s'associer avec un producteur local, ils ont commencé peu à peu à produire localement, avec leurs équipementiers habituels. Désormais, seuls les modèles du très haut de gamme sont importés. Les Audi A4, A6, et même les nouveaux modèles Q5, sont dorénavant *made in China*. Mercedes, qui n'avait pas fait le même effort d'intégration, a vu ses ventes reculer. Le message a été reçu cinq sur cinq. Une nouvelle usine a été installée. En 2015, les deux tiers des Mercedes vendues en Chine seront produites sur place.

Pour les constructeurs allemands le marché chinois reste une formidable source de profit, car en se concentrant sur le marché premium, l'effet prix joue peu. Bien au contraire. PSA, qui avait misé il y a vingt ans sur les petits modèles bas de gamme, s'était complètement trompée de stratégie. Pour revenir sur ce marché mondial, le groupe français s'est associé avec Dongfeng, qui sera peut-être demain son premier actionnaire.

Les constructeurs chinois ont beaucoup appris au contact des Allemands. Ils couvrent, d'ores et déjà, l'essentiel de leur marché du bas et du milieu de gamme. Ils veulent maintenant monter en puissance, en allant chercher hors des frontières de Chine des marques, des débouchés et une reconnaissance de leur savoir-faire. Ainsi, Qoros, l'un des principaux constructeurs chinois, est une filiale à 50/50 du chinois Chery et d'un fonds d'investissement israélien, Israel Corporation. La firme a développé une stratégie somme toute classique. Fondée en 2007, elle a investi un milliard d'euros dans une usine en Chine, pour développer trois modèles. Elle a recruté des cadres supérieurs et des techniciens, qui ont fait leur carrière dans des groupes européens et américains. Comme les groupes allemands, elle s'est appuyée sur le savoir-faire des grands équipementiers mondiaux. Qoros veut d'abord percer sur les marchés internationaux, en exportant à partir de son usine chinoise. Une fois la marque installée sur le marché mondial, elle espère conquérir le marché chinois.

Les Chinois, on le sait, sont friands de marques et le consommateur moyen, *via* Internet, est parfaitement au courant de ce qui se passe aux quatre coins du monde, de la qualité des produits et de ceux qui sont à la mode. Ces consommateurs se méfient du *made in China* dans l'automobile, le luxe, l'agroalimentaire, voire la pharmacie. Ils savent que les normes et le contrôle qualité sont plus rigoureux en Occident. Voilà pourquoi on assiste à cette *race abroad*, cette course aux investissements hors de Chine des groupes chinois qui veulent acquérir savoir-faire et respectabilité, afin de mieux séduire ensuite... le consommateur chinois. Au passage, s'ils peuvent en plus prendre des positions sur des marchés locaux, c'est tout bénéfice.

C'est ainsi que dans l'automobile, les constructeurs chinois ont racheté Volvo et Saab en Suède et l'anglais Rover, ou conclu des partenariats comme celui avec l'indien Tata, propriétaire des marques MG et Land Rover. En 2012, les investissements chinois à l'étranger se sont élevés à 87 milliards de dollars. Pour 101 milliards de dollars d'investissements étrangers en Chine. En 2013, les deux chiffres devaient s'équilibrer. Certes, la moitié de ces investissements concerne les matières premières, notamment le pétrole. En Irak, les pétroliers chinois se sont assuré des contrats à long terme face aux majors occidentales, en acceptant de réduire leurs marges bénéficiaires. CNOOC, le pétrolier chinois numéro un, a racheté le canadien Nexen pour 15 milliards de dollars.

The race abroad

Il y a quelques années, les investissements chinois à l'étranger avaient un double objectif : s'assurer des approvisionnements en matières premières et trouver des têtes de pont pour prendre position sur les marchés européens. L'opération la plus spectaculaire a été, en 2009, l'accord entre la Chine et la Grèce donnant à Cosco, premier armateur chinois contrôlé par l'État, la concession, pour trente-cinq ans, de deux des trois débarcadères à conteneurs du Pirée. La Grèce, pas encore en faillite, mais déjà en pleine crise, avait déroulé le tapis rouge pour les Chinois. Cosco s'engageait à moderniser les installations, et à verser une redevance globale de plus de 4 milliards d'euros. En contrepartie, elle obtenait des exonérations de charges sociales et des allégements fiscaux.

Depuis juin 2010, la gestion chinoise au Pirée est à l'œuvre. Avec d'indiscutables performances pour... Cosco. Comme l'explique le manager Fu Cheng Qiu[1], « cette nouvelle efficacité repose sur un combat de chaque instant contre les vices de travailleurs corrompus par l'État social : ils voulaient la belle vie, plus de vacances et moins de travail ». Au lieu de cela, Cosco a remplacé les dockers syndiqués par des personnels sans statut payés deux fois moins, augmenté la durée de travail, baissé les retraites, supprimé la formation professionnelle et les syndicats et utilisé massivement sous-traitance et personnels intérimaires. Le premier terminal de Cosco fonctionne à plein, avec une activité supérieure à celle d'avant la crise. Le second suit la même voie et Cosco va construire, pour 240 millions d'euros, un troisième terminal. En face, la société publique, qui gère encore un terminal, affiche de piètres performances. Il est vrai qu'elle emploie mille trois cents dockers à statut. Alors que Cosco fonctionne désormais avec deux cent soixante-dix permanents, dont sept Chinois. Une comparaison qui apporte, bien sûr, de l'eau au moulin de tous ceux qui, à Athènes, mais aussi à Berlin et à Bruxelles, estiment que le modèle social européen n'est plus adapté à la concurrence internationale. La Chine communiste joue ainsi les dynamiteurs d'un système social très avantageux pour les travailleurs, directement inspiré du marxisme.

À vrai dire les états d'âme des syndicalistes européens importent peu à des dirigeants chinois soucieux avant tout

1. *The New York Times*, 10 octobre 2012, cité par *Le Monde diplomatique* de février 2013.

de défendre les intérêts de leur pays ou de leur entreprise. L'investissement au Pirée procède d'une stratégie plus large qui vise à prendre le contrôle d'un certain nombre d'installations portuaires à travers le monde, ce qu'un expert américain avait baptisé, dans un rapport au Pentagone, en 2004, de « stratégie du collier de perles ». L'implantation chinoise dans des ports au Bangladesh, en Birmanie, au Sri Lanka, en Thaïlande, puis au Pakistan avait, selon cet expert, un objectif militaire. Sous prétexte de sécuriser ses routes commerciales maritimes, Beijing s'assurait des points d'appui pour le déploiement de sa flotte militaire dans la région. Tout n'est pas faux dans cette analyse. Reste que ce n'est pas la première raison de ces investissements portuaires. Car, après le Pirée, les groupes chinois du secteur ont multiplié les acquisitions. China Merchants Group, l'autre géant chinois du secteur, qui gère les ports du sud de la Chine, contrôlé lui aussi par Beijing, a pris 47,5 % du terminal de containers à Lagos au Nigeria. Puis 50 % de celui de Lomé au Togo et 23,5 % des installations de Djibouti. Début 2013, China Merchants a acquis 49 % de la filiale spécialisée dans les terminaux du numéro un français du secteur, CMA-CGM, ce qui lui donne un accès privilégié dans une quinzaine de ports européens et méditerranéens.

En investissant dans les ports, les Chinois sécurisent leur approvisionnement en matières premières dans un certain nombre de pays. Leur présence dans tous ces ports leur permet également de charger ou de décharger leurs cargos quand ils le souhaitent et à moindre coût. Finalement, ces investissements ne visent pas tant à favoriser la déferlante de produits chinois, qu'à permettre de remplir les navires de matières premières et de produits *made in Africa* ou venant de l'Occident.

La Chine est toujours le premier exportateur mondial, mais elle est devenue l'un des principaux importateurs, pas seulement de pétrole. Les entreprises chinoises souhaitent, par ses implantations, optimiser la logistique pour des quantités énormes de marchandises qui partent pour la Chine[1], des marchandises qui proviendront aussi des entreprises occidentales rachetées par les Chinois dans un certain nombre de secteurs.

Dans l'agroalimentaire, Shuanghui, le géant de la transformation de la viande, a repris l'américain Smithfield, numéro un mondial des hot-dogs. Au passage, Shuanghui a récupéré deux marques françaises, Justin Bridou et Cochonou. Deux marques, bringuebalées de fonds d'investissement en fonds d'investissement, depuis la vente par leur fondateur, dans les années 1990. Le cas Justin Bridou illustre les dérives de ce capital financier et les excès des *leveraged buy-out* (LBO), ce système qui fait supporter à l'entreprise rachetée le coût de son acquisition par des investisseurs financiers. De LBO en LBO, l'entreprise se vide peu à peu de sa substance, pour atterrir dans un groupe américain, lui-même repris par des fonds. Tout cela pour finir dans le giron d'un groupe chinois. Ce dernier avait défrayé la chronique, dans le mauvais sens du terme, avec un scandale sur la qualité de sa viande. En rachetant Smithfield, il entend redorer son blason et « répondre à une demande croissante de la part du consommateur chinois pour le porc et les viandes de grande qualité »... en provenance des États-Unis. Un autre groupe chinois, Bright Food, a racheté la majorité du fabricant de céréales britannique Weetabix.

Les vignobles sont également en ligne de mire. La Chine est devenue le premier marché consommateur de vin et le

1. Voir à ce sujet l'article de Sébastien Dubas, *Le Temps*, 21 mars 2013.

cinquième producteur. Elle est le premier acheteur de vins de Bordeaux avec 71 millions de bouteilles en 2012. Là aussi, la stratégie est d'aller chercher le savoir-faire et la renommée là où ils se trouvent : essentiellement dans le Bordelais. C'est ainsi que l'on voit, depuis quelques années, les rachats de châteaux se multiplier. Au total, une quarantaine de propriétés, dont vingt-deux châteaux et plusieurs grands crus, ont été acquises. Un montant qui reste faible quand on le compare à l'ensemble du vignoble bordelais qui ne compte pas moins de huit mille propriétés. Reste que ces achats ne sont pas sans danger pour le Bordelais. Dans le lot des acheteurs, il y a des professionnels qui entendent transférer en Chine le savoir-faire bordelais, pour y améliorer la qualité du vin chinois. Mais il y a aussi, et même surtout, des spéculateurs et des nouveaux riches[1]. Ils achètent les propriétés, leurs stocks et leur production à venir, pour vendre sur le marché chinois les bouteilles étiquetées grand cru à des prix exorbitants. Car il y a en Chine beaucoup de millionnaires et une jeunesse dorée prêts à payer n'importe quel prix pour un vin de marque, une montre ou une Ferrari. Or le palais des Chinois, surtout celui des jeunes générations, n'a pas encore été formé pour apprécier la qualité d'un vin et distinguer un grand cru d'origine d'une bibine ou d'une bouteille trafiquée. C'est là un risque pour la renommée du Bordelais. Comment s'assurer que le nouveau propriétaire d'un domaine ne va pas trafiquer[2] la part de production vendue

1. Zhao Wei, célèbre actrice, a acquis les 7 ha du Château Monlot, pour 4 millions d'euros. Un investisseur chinois a acheté le château et les 8 ha de Gevrey-Chambertin pour 8 millions d'euros. L'acquéreur aurait fait fortune dans les casinos de Macao.

2. Selon Arnaud Delacour et Lucas Botebol, deux jeunes Français qui ont développé Zhongguo Wine, un site d'informations sur le marché du vin

en Chine ? Reste que l'objectif à terme est de développer le vin chinois. D'ores et déjà, les négociants locaux privilégient les productions locales dont la qualité, grâce aux technologies et œnologues étrangers, s'est nettement améliorée. Ces vins chinois leur permettent de réaliser des marges supérieures.

C'est toujours cette même démarche, visant à acquérir savoir-faire et marques en Occident, qui a permis à Wanda de devenir le numéro un mondial des salles de cinéma, en rachetant, pour 2,8 milliards de dollars, l'américain AMC. Avec des ambitions planétaires puisque le groupe investit plusieurs milliards pour faire de Qingdao, ville côtière entre Shanghai et Beijing, un mélange de Hollywood et d'Orlando (Disney World). Il va y construire le plus grand studio de cinéma du monde. Un projet soutenu à fond par le gouvernement, qui ne veut pas laisser aux États-Unis le monopole de l'industrie du divertissement. Wanda, qui pèse 50 milliards de dollars, est un groupe privé, fondé

---

en Chine, « le vin Lafite Rothschild est le vin le plus demandé en Chine. Il bénéficie d'une aura presque mythique. Si bien que les faux Lafite s'arrachent et que les La Fite, Laffitte, ou autres domaines Lafité se vendent très bien, même s'ils n'ont rien à voir avec l'original puisque leur traduction en chinois est la même. Lafite a réussi à se créer une image de marque sans équivalent. Cela est dû au classement premier cru (classement de 1855) du Château Lafite Rothschild et à son prix surtout. Après que le gouvernement a mis en place des mesures pour encourager la consommation de vin rouge en avançant l'argument santé en 2007, la consommation de baijiu (alcool de riz blanc) a reculé dans les dîners d'affaires et/ou du Parti (affaires et parti communiste étant souvent liés) et a été remplacée par la consommation de vin rouge. Mais pas n'importe quel vin rouge ! Du Lafite en particulier. Et pourquoi ? Car c'était le plus cher. En effet, dans les dîners d'affaires en Chine, on prouve l'estime que l'on a pour ses convives au prix de la bouteille. Les consommateurs chinois se sont donc naturellement tournés vers le plus cher sans véritable connaissance du vin » (*Chine Informations*, 13 janvier 2011).

en 1988 par Wang Jianlin, qui a débuté dans l'immobilier. Il serait aujourd'hui l'homme le plus riche de Chine avec une fortune estimée à 22 milliards de dollars. Wanda a également racheté, pour un peu plus de 400 millions de dollars, le constructeur britannique de yachts Sunseeker. Une marque prestigieuse pour tous les amateurs de nautisme. Avec un objectif : vendre des yachts aux millionnaires chinois[1].

Même scénario dans le secteur du tourisme, où le conglomérat chinois Fosun a lancé une OPA amicale sur le Club Méditerranée. Son patron, Guo Guangchang, une des jeunes stars du capitalisme chinois, a investi successivement dans l'acier, les mines, la pharmacie, sans oublier l'or. Le patron de Fosun raisonne à long terme. Dans le dernier rapport annuel du groupe[2], il explique que « la Chine restera le principal moteur de la croissance mondiale et va continuer à s'urbaniser. Ses consommateurs représentent donc la principale opportunité à saisir. Mais la hausse des coûts de production, ainsi qu'une révolution industrielle, qui va de la robotique à l'impression en trois dimensions, vont réorganiser la répartition du travail dans le monde, occasionnant un "reflux" de l'industrie dans les pays développés. Il y a donc des pépites à saisir en Occident ou au Japon : acquérir des technologies, des marques, et même des appareils de production. Au final, tout doit tourner autour d'une idée qu'il martèle : combiner la croissance chinoise aux ressources mondiales ».

1. Un tiers des Chinois fortunés déclarent vouloir acquérir un yacht au cours des trois prochaines années (*Les Échos*, 23-24 août 2013).

2. Gabriel Grésillon, « Fosun : l'étonnant parcours du "Warren Buffett chinois" », *Les Échos*, 3 juin 2013.

Voilà pourquoi Fosun a investi dans la finance et s'intéresse au Club Méditerranée, pour qui la Chine va devenir le deuxième marché derrière la France. Un Club Med, qui a bien du mal à trouver un second souffle, avec des actionnaires financiers qui, plutôt que d'investir, cherchent à réaliser leurs plus-values. Pour eux, l'offre de Fosun tombe à pic. Que sera le Club Med dans dix ans ? Vraisemblablement, une multinationale chinoise, orientée en priorité vers la satisfaction des besoins des consommateurs chinois en Chine et hors de Chine. Cette vision du patron de Fosun est partagée par d'autres dirigeants chinois. Ils savent qu'inexorablement les coûts de production augmentent en Chine. Ils voient que les efforts engagés par les Américains, et à un degré moindre par les Européens pour basculer enfin dans la troisième révolution industrielle, vont entraîner une nouvelle répartition des tâches à l'échelle mondiale.

La Chine ne sera plus l'usine du monde pour les biens de consommation. Ainsi, dans l'industrie textile, la délocalisation vers des pays à bas coût de main-d'œuvre, notamment en Afrique, s'accélère. Si les multinationales occidentales privilégient le Bangladesh, le Vietnam, la Malaisie, les sociétés chinoises, elles, préfèrent l'Afrique, qui offre un triple avantage. Une main-d'œuvre abondante et très bon marché, avec un coût horaire désormais dans un rapport de un à dix entre la Chine et l'Afrique. Des dirigeants bien disposés à l'égard de Beijing, qui investit, depuis dix ans, systématiquement sur le continent africain, finançant les infrastructures et n'hésitant pas à corrompre la classe politique. Un néo-colonialisme, qui n'est pas encore vécu comme tel par les Africains. Enfin, l'Afrique est pour la Chine un vaste réservoir de matières premières en tout genre, du pétrole au coton. En investissant désormais sur place, les groupes textiles chinois maîtrisent ainsi l'ensemble de la filière du coton. En outre, en produisant en Afrique de l'Est, dans l'île Maurice ou en Afrique du Sud, voire en Éthiopie, les Chinois profitent d'une loi américaine, destinée à soutenir l'économie des pays africains. Votée en 2000 et valable jusqu'en 2015, cette loi leur facilite l'accès aux marchés américains, grâce à des droits de douane réduits. Conçus en Chine, fabriqués en Afrique sous contrôle chinois, et vendus aux États-Unis... Tel sera désormais le chemin suivi par les tee-shirts.

Cette course aux investissements à l'étranger répond également à l'un des paradoxes de la société chinoise. Lorsque le pays était l'usine du monde, des centaines de millions de paysans ont quitté les campagnes pour travailler, dans des conditions très dures, dans les usines publiques ou privées dont la production était, pour l'essentiel, exportée. Une génération qui a rêvé d'un avenir meilleur pour ses enfants. Le système éducatif s'est ouvert. Il a massivement formé ingénieurs, cadres, techniciens. En une décennie, le nombre de diplômés universitaires a été multiplié par quatre. Le pays connaît, avec un léger décalage, le même phénomène que l'Occident. Les familles de la classe moyenne poussent leurs enfants vers des études de marketing, d'économie, de communication, de finance. Les filières industrielles, les formations d'ingénieurs sont relativement délaissées. Il y a comme une aversion pour les usines et tout travail manuel. Selon Mary E. Gallagher, directrice du Centre d'études chinoises de l'Université du Michigan, les étudiants n'ont pas assimilé le concept d'enseignement de masse. Ils se considèrent donc comme une élite, lorsqu'ils intègrent une université. D'autant que selon la tradition confucéenne, les érudits n'effectuent pas de tâches manuelles. Par conséquent, cette surabondance de diplômés n'ayant que quelques compétences et désirant des emplois administratifs aboutit à une relative pénurie de main-d'œuvre dans les secteurs industriels et à une érosion des salaires dans les autres.

En 2000, à Shenzhen, le rapport des salaires entre un ouvrier et un jeune diplômé en informatique était de un à dix. Aujourd'hui, il n'est plus que de un à deux. Le coût du travail global des ouvriers a augmenté ces dernières années d'environ 30 % chaque année. Mais les jeunes Chinois diplômés ne veulent toujours pas devenir des ouvriers. Dans la classe moyenne, ils continuent d'être soutenus, choyés, gâtés... pourris par leurs parents. C'est là un des effets pervers de la politique de l'enfant unique, mise en place, il y a plus de trente ans, par Deng Xiaoping.

4
Population, pollution, corruption

Faut-il revenir sur le dogme de l'enfant unique ? Il y a quelques années, aucun fonctionnaire, aucun responsable du Parti n'aurait osé poser publiquement une telle question. Aujourd'hui, ce n'est plus un tabou. La loi sur le contrôle des naissances, édictée en 1979 par Deng Xiaoping, est le corollaire de sa politique de libéralisation progressive de l'économie. Son raisonnement était simple et juste : une démographie galopante est incompatible avec la volonté de développer rapidement l'économie. La loi stipule que chaque couple ne peut avoir qu'un enfant, ou deux pour les minorités ethniques et les paysans dont le premier enfant est une fille. En réalité, cette loi est détournée par les plus riches. Ils peuvent avoir un autre enfant, à condition de payer une « compensation sociale » déterminée par chaque province, ou en allant accoucher hors de Chine. C'est surtout dans les campagnes que la loi a été appliquée, avec son cortège de souffrances, de corruption, d'avortements ciblés, de suicides chez les femmes. Autrefois, la légende voulait — ce n'était pas qu'une légende — que les bébés filles soient jetés dans le Yang Tsé. Avec la politique de l'enfant unique, beaucoup de femmes ont préféré avorter plutôt que de donner naissance à une fille. Résultat : alors qu'à l'échelle mondiale le ratio des naissances de filles est légèrement supérieur à celui des garçons, le ratio en Chine est de 118 garçons pour 100 filles. D'où une pénurie de femmes à l'âge adulte, ce qui a de graves répercussions sur le comportement sexuel des Chinois. Avec l'importation massive de prostituées des pays avoisinants.

Autre conséquence : le trafic des bébés. Un chiffre témoigne de son ampleur. Selon les statistiques officielles de fin 2012, 58 000 enfants ont été récupérés par la police en deux ans et demi. Mais pour un enfant sauvé, combien sont restés aux mains des trafiquants et des familles d'adoption? Ces enfants sont pour la plupart des garçons, achetés entre 2 000 dollars et 5 000 dollars par des familles aisées qui désespèrent d'avoir un fils[1].

Pendant trois décennies, la faible natalité a, sans conteste, favorisé le développement de l'économie chinoise. D'une part, l'État n'a pas eu à financer les investissements nécessaires. Moins d'enfants, c'est moins de crèches, moins d'écoles, moins d'universités, moins de pédiatres... D'autre part, les enfants ne pèsent pas sur le budget des ménages, notamment sur celui de la classe moyenne. Par conséquent, le PIB par tête d'habitant s'accroît plus vite que celui des pays qui n'ont pas la même politique antinataliste. C'est là une des grandes similitudes entre la Chine et l'Allemagne, comme on le verra plus loin. Ce n'est pas un hasard si les deux principaux pays mercantilistes, on pourrait y ajouter le Japon, sont des pays qui ont sciemment choisi de brider leur démographie. Cette politique de l'enfant unique a indiscutablement boosté l'économie chinoise pendant ses Trente

1. Un nouveau trafic s'est développé. De très riches Chinois qui ne peuvent avoir d'enfants paient des fortunes (100 000 dollars) à des mères porteuses américaines.

Glorieuses. Mais aujourd'hui le pays se trouve à la croisée des chemins. Après avoir engrangé les avantages d'une faible démographie, la Chine commence à en subir les inconvénients.

Certes, la population est encore relativement jeune. L'âge médian (trente-six ans) est le même que celui des États-Unis. Les plus de soixante-cinq ans ne représentent qu'environ 12 %. Mais les courbes vont très vite s'inverser et la population en âge de travailler commencera à décliner à partir de 2015. En 2040, les plus de soixante-cinq ans seront 22 %. Et, en 2050, 41,9 % ! La pyramide des âges, à cette date, sera quasiment inversée. Une situation intenable ! Car les actifs devront supporter de plus en plus d'inactifs[1]. Ainsi, un couple né en 1980 va devoir bientôt prendre en charge ses quatre parents, voire ses huit grands-parents, car le système de retraite n'est pas suffisant. Sans compter les enfants. Un fardeau impossible à assumer pour cette génération de l'enfant unique. Dès lors, la Chine n'a pas d'autre solution que d'infléchir sa politique antinataliste. Sauf à pratiquer une immigration massive, politique qu'a choisie l'Allemagne, qui semble difficile, compte tenu des traditions de la Chine. Ce n'est pas faire injure aux Chinois que de rappeler que les Han ont toujours considéré l'étranger avec une grande méfiance. Certes, ils peuvent ouvrir ponctuellement leurs portes à des Occidentaux. Mais on les voit mal le faire massivement, en récupérant notamment une main-d'œuvre bas de gamme. Dès lors, il va falloir à la nouvelle équipe dirigeante beaucoup de doigté et de courage pour infléchir la politique de l'enfant unique. Il lui faut remonter le taux de fécondité,

1. Dans le secteur public, un retraité perçoit 80 % de son salaire sans avoir cotisé. Dans le secteur privé, moins de 50 %, après avoir cotisé.

qui serait actuellement de 1,6 à un peu plus de 2, pour assurer le seul renouvellement des générations.

Lors du plénum du Comité central de novembre 2013, Xi Jinping a lâché du lest. Désormais, les couples dont l'un des membres est lui-même enfant unique pourront avoir deux enfants. Un premier pas qui devrait être suivi, vers 2015, de la mise en place d'une politique autorisant deux enfants par foyer pour aboutir à une libéralisation totale à partir de 2020. Rien ne dit pour autant que le taux de fécondité des Chinoises s'envolera[1]. La classe moyenne, habituée à un relatif confort ces dernières années, hésitera à rogner sur son pouvoir d'achat pour faire des enfants. À moins que l'État mette en place une politique massive, sous forme d'allocations familiales, d'incitation aux naissances. Une telle politique coûterait fort cher au pays, au moment où la machine économique ralentit quelque peu. L'époque d'un taux de croissance à deux chiffres est définitivement révolue. Dans ses arbitrages, le gouvernement aura d'autres priorités : développer le système de santé, mettre en place un régime de retraites, sans parler des sommes qu'il va falloir consacrer à la défense de l'environnement. Le tout avec un budget militaire qui ira croissant. Dès lors, la politique familiale passera au second rang des priorités budgétaires et le taux de fécondité ne remontera pas avant longtemps, car la classe moyenne chinoise a, en outre, importé de son homologue occidental le culte de l'individualisme, qui peut confiner à l'égoïsme. L'enfant restera le « petit empereur », et, dans bien des familles, on préférera n'en avoir qu'un seul plutôt que deux.

1. Pour les démographes de l'ONU, la population chinoise va inexorablement diminuer à l'horizon 2100. De 1 360 millions d'habitants, en 2010, elle tomberait à 1 086 millions.

Multiplier les villes à la campagne

Pendant plus de trente ans, les exportations ont tiré la croissance chinoise. Désormais, il s'agit pour la nouvelle équipe au pouvoir d'assurer une transition, de basculer d'un modèle purement mercantiliste à un système où la consommation intérieure assurera l'essentiel du taux de croissance. L'augmentation des salaires dans les zones côtières, dans la région de Shanghai/Beijing, pose un problème de compétitivité à des industriels, qui ne trouvent plus, en outre, suffisamment d'ouvriers acceptant de dures conditions de travail. L'idée est donc de procéder à un gigantesque aménagement du territoire autour d'une seule idée : l'urbanisation. Les zones riches, qui ont profité des Trente Glorieuses, vont monter en gamme, leurs activités d'hier étant délocalisées dans le centre de la Chine. Le plan du gouvernement vise, d'ici à 2025, à transplanter 250 millions de paysans dans des villes, à proximité de leurs anciens lopins de terre.

Dans les années 1980, 80 % des Chinois vivaient à la campagne. Ils sont aujourd'hui un peu moins de 50 %. En 2025, ce pourcentage devrait tomber à 30 %. Sur le papier, le raisonnement des technocrates chinois, qui n'ont rien à envier aux nôtres, est imparable. « L'urbanisation, expliquent-ils, est dans le sens de l'histoire. Tous les pays développés ont connu ce phénomène. La mécanisation, les gains de productivité appliqués à l'agriculture le rendent inéluctable. » Et ces technocrates d'expliquer qu'en accroissant le nombre des citadins on dope mécaniquement la croissance. En multipliant les investissements collectifs, puis en faisant de ces citadins des consommateurs et des salariés, qui paieront des impôts et financeront la protection sociale. Ainsi, le cercle vertueux de l'économie et de la création de valeur s'enclenchera. Accessoirement, ces centaines de millions d'anciens paysans fourniront aux entreprises cette main-d'œuvre bon marché qui commence à faire défaut. Les investissements dans ces villes nouvelles pourraient atteindre 600 milliards de dollars.

Aujourd'hui, les hiérarques du Parti gomment allègrement l'histoire et oublient que les paysans ont été le terreau, le soutien, le fer de lance de Mao Zedong. Des paysans que l'on n'est pas loin de considérer comme des arriérés, coupables d'avoir un mode de vie autarcique, ne consommant que ce qu'ils produisent. Le processus est en marche. Cette liquidation de la paysannerie est spectaculaire dans le domaine du coton. La moitié du coton chinois provient du Xinjiang, où la société d'État XPCC en produit le tiers. Elle mène une mécanisation à marche forcée et entraîne, dans son sillage, les autres producteurs. La récolte du coton mobilisait, il y a dix ans, au niveau de l'ensemble de la province, deux millions de journaliers. Il s'agissait généralement de paysans, qui quittaient pour soixante-dix jours leur village. Ils étaient bien payés : autour de 1 200 dollars, pour la récolte. Un salaire équivalant à ce que toute leur famille gagne en un an. En 2013, on a compté moins de sept cent mille journaliers. La mécanisation est passée par là. Autant de revenus en moins pour les familles qui n'ont pas retrouvé cet emploi !

Ce qui se passe dans le coton se retrouve dans tous les autres secteurs de production. Les producteurs de blé deviennent veilleurs de nuit dans les usines. Les jeunes trouvent des emplois dans les usines locales à des salaires qui ne dépassent pas les 150 dollars par mois, la moitié de ce que perçoivent les ouvriers sur la côte. Pour mener à bien cet exode rural massif, les autorités manient la carotte et le bâton. La carotte, ce sont les appartements neufs dans les gigantesques tours qu'ils ont reçus en échange de leurs terrains. La carotte, ce sont parfois les pécules financiers qu'ils ont touchés en plus de l'appartement. La carotte, ce sont les routes, les hôpitaux, les écoles, les services publics, qui accompagnent l'urbanisation. La carotte, ce sont ces rentes que la collectivité va verser aux paysans de plus de cinquante ans, chassés de leurs terres, et qui ne trouvent plus d'emploi, les entreprises leur préférant des travailleurs plus jeunes.

Le bâton, ce sont les pressions de toutes sortes, pour amener ces paysans à céder leurs terres. On ne compte plus les manifestations violemment réprimées, les passages à tabac, les provocations. L'imagination de petits potentats locaux sans scrupules n'a pas de limites[1]. Tout comme au Tibet, des paysans se sont immolés par le feu. Aujourd'hui, le pouvoir central est plus attentif aux dégâts collatéraux, car les internautes veillent et l'information n'est plus contrôlée comme hier. D'autant que cette urbanisation à marche forcée accentue les deux grands fléaux de la Chine d'aujourd'hui : la pollution et la corruption.

Airpocalypse

Pendant des décennies, la Chine ne s'est pas préoccupée de son environnement. Tout pour la croissance. Une croissance qui a besoin d'énergies immédiatement consommables, et donc polluantes. La Chine est le premier consommateur et le premier producteur mondial de charbon avec plus de 3 000 millions de tonnes par an. Certes, les cheminées des usines qui produisaient leur propre énergie à partir

1. Lire à ce sujet un reportage de Harold Thibault, « À Changsha on n'arrête plus le progrès », *Le Monde*, 7 novembre 2012.

du charbon ont peu à peu disparu du paysage des grandes villes chinoises. Les usines fonctionnent aujourd'hui à l'électricité, produite dans des centrales... dont la plupart utilisent le charbon. Plus de 70 % de l'électricité chinoise proviennent de ce minerai. Il en est des politiques énergétiques comme de la démographie. Non seulement il n'y a pas de recettes miracles, mais il faut beaucoup de temps pour infléchir les systèmes en place. La Chine ne peut pas se passer du charbon du jour au lendemain. D'autant que son exploitation est une source de profit très importante pour bon nombre d'entreprises publiques et privées, et même de particuliers.

Cette pollution des centrales au charbon est omniprésente dans toutes les grandes villes. Xian, cité de l'armée enterrée, est cernée par deux grandes centrales. Selon d'où souffle le vent, la ville baigne dans le *smog* ou voit le ciel. Mais les centrales au charbon ne sont pas les seules à polluer. Avec le développement de l'automobile et des transports, la pollution atmosphérique s'est encore accrue. Sans parler des pollutions de toutes sortes émises par les usines souvent peu regardantes sur les normes environnementales. La Chine a reconnu être devenue, en 2010, le premier émetteur mondial de dioxyde de carbone (CO_2). En réalité, ce triste privilège aurait été acquis dès 2004. Les statistiques chinoises, fournies à l'origine par les diverses provinces, auraient été retravaillées à Beijing, pour les rendre plus présentables, dans la perspective des Jeux olympiques de 2008.

Désormais, plus personne, en Chine, ne nie l'ampleur du problème. À Beijing, on ne compte plus les journées où l'air est devenu irrespirable. Les Anglo-Saxons qui y vivent ont même inventé un terme : airpocalypse. Les usines ne sont plus dans la ville mais aux alentours. Leur pollution a été remplacée par celle des voitures. La mairie veut en limiter le nombre à six millions à la fin de 2017. Contre un peu plus de cinq millions aujourd'hui. En juin 2013, un nouveau plan de lutte contre la pollution de l'air a été lancé par le gouvernement. Il vise à accroître les pénalités sur les entreprises polluantes et à ne plus verser de subventions aux projets qui ne respecteraient pas les standards officiels. Ce plan veut s'attaquer aux surcapacités dans la sidérurgie, le ciment, l'aluminium. En revanche, les industries propres et renouvelables, considérées comme les nouveaux « piliers » de l'économie chinoise, bénéficieront d'avantages fiscaux et de politiques incitatives.

Entre les intentions, certainement sincères, du pouvoir central, et l'application des règles sur le terrain, il y a un monde. Depuis plus de trente ans, les producteurs, quels qu'ils soient, sont les enfants chéris de ce socialisme de marché. Bien souvent, les entreprises publiques et privées contrôlent les pouvoirs locaux. Ainsi, l'essence chinoise n'est pas d'une qualité extraordinaire. Elle contient un taux de sulfure bien plus élevé qu'en Europe. Or le niveau maximal de ce taux est établi par un comité national, dont la majorité des experts provient des deux géants pétroliers à capitaux publics. Véritable État dans l'État, ces deux sociétés ne veulent pas investir dans le raffinage les dizaines de milliards de dollars nécessaires pour avoir une essence moins polluante. Elles savent qu'elles auront le plus grand mal à répercuter cet investissement sur le prix à la pompe, établi par le gouvernement central à Beijing. Résultat : on maintient le *statu quo*. On voit là les limites de ce pouvoir apparemment autoritaire. Le gouvernement central doit composer avec des lobbies excessivement puissants. Il a souvent du mal à faire appliquer ses directives sur le terrain, dans les lointaines provinces, qui bénéficient d'une réelle autonomie. Ainsi, celle de Guangdong avait annoncé, en 2009, un moratoire sur la construction de centrales thermiques. Quatre ans plus tard, onze nouvelles centrales sont en construction et onze autres en projet. Le charbon fait vivre beaucoup de monde.

Le pouvoir central est donc pris en tenaille. Entre les lobbies innombrables, la nécessité de faire tourner une économie qui, mécaniquement, pollue toujours plus. Et une classe moyenne hypersensible à tout ce qui touche à sa vie quotidienne, sa santé et surtout celle de ses enfants. La pollution de l'air, de l'eau, mais aussi la qualité des produits alimentaires figurent au premier rang de ses priorités.

Tout Chinois qui se rend à l'étranger — ils sont de plus en plus nombreux — a désormais un devoir : rapporter pour sa famille, ou pour des amis, des aliments pour bébés. Surtout du lait en poudre. Le phénomène a pris une telle ampleur que l'Australie a connu, ces dernières années, plusieurs pénuries de produits lactés, les rayons des supermarchés étant dévalisés par des touristes chinois.

Tout a commencé en mars 2008, lorsque le premier scandale agroalimentaire éclate au grand jour en Chine. Du lait en poudre, fabriqué localement par des firmes chinoises, contenait de la mélamine, un composant chimique toxique, utilisé pour accroître le taux de protéine. Six bébés décèdent et trois cent mille seront atteints de maladies chroniques. La classe moyenne se détourne massivement des marques chinoises au profit des produits importés, pourtant 50 % plus chers. En cinq ans, les importations de lait en poudre ont été multipliées par cinq. Cette ruée vers le lait étranger a favorisé une vaste contrebande, notamment à partir de Hongkong. Partout où ils passent, les touristes chinois raflent tout ce qu'ils peuvent[1]. Ces

1. En 2013, 97 millions de Chinois se sont rendus à l'étranger où ils ont dépensé plus de 100 milliards de dollars. Ils devraient être 300 millions vers 2016-2018.

scandales laitiers ont fait les beaux jours des producteurs néo-zélandais... et français[1].

Il n'y a pas que le lait qui provoque des scandales. Dans la région de Shanghai, la police a démantelé, au printemps 2013, un réseau spécialisé dans la vente de rats et de renards, que l'on faisait passer pour du mouton, après y avoir ajouté des gélatines et du nitrate. Des maraîchers enduisaient leurs choux de formol pour améliorer leur conservation. Chaque mois, on découvre de nouvelles horreurs. Tout cela n'est pas sans conséquences économiques, car la Chine était en passe de devenir un des principaux exportateurs agroalimentaires. Aux États-Unis, le thon en boîte, les mandarines, les champignons, le jus de pomme sont de plus en plus *made in China*. Sans compter tous les ingrédients utilisés dans les nourritures : vanille, soja, sucres, etc. Face à ces scandales à répétition, la législation se durcit en Occident et les produits chinois sont regardés avec de plus en plus de suspicion. D'où les investissements chinois dans les groupes agroalimentaires occidentaux, pour acquérir un savoir-faire et importer des produits qui n'ont plus la confiance du consommateur de l'Empire du Milieu.

Le Parti, le béton et la corruption

Avec la pollution, la corruption est sans doute le principal sujet d'exaspération de la classe moyenne chinoise.

1. Le groupe chinois Synutra a investi 90 millions d'euros dans une nouvelle usine Sodiaal de séchage de lait en Bretagne. Sa production est destinée au marché chinois. Par ailleurs, Candia, boutique de la marque Sodiaal, va ouvrir une centaine de magasins en Chine. Les produits seront fabriqués en France. Isigny a noué un partenariat avec un autre chinois, Biostime, qui va investir 20 millions d'euros dans une usine de lait en Bretagne.

Avec, là aussi, un brin de schizophrénie de sa part. Cette classe moyenne pollue, beaucoup plus que le paysan au fin fond de sa campagne, et son enrichissement provient parfois — et même souvent — d'une corruption qui ne dit pas son nom. Ce phénomène n'est pas propre à l'Empire du Milieu. Tous les pays, à des degrés divers, savent ce que sont les pots-de-vin, les arrangements entre amis, les enveloppes, la fraude. Les États-Unis, toujours prompts à dénoncer les vices chez les autres, sont passés maîtres dans l'art d'édicter des textes anticorruption pour l'exportation, qu'ils savent parfaitement détourner à leur profit.

Dans l'Empire du Milieu, la corruption était tolérée. Les mandarins s'enrichissaient grâce aux cadeaux qu'ils recevaient. Dès lors qu'ils rendaient un vrai service, qu'ils ne « volaient » pas l'empereur, et qu'ils géraient au mieux des intérêts de la collectivité, leur enrichissement était accepté. Rien d'étonnant donc à ce que, au fur et à mesure du développement économique, les vieilles pratiques aient repris droit de cité, à l'échelle du pays. Comment s'étonner que parmi les quatre-vingt-quatre millions de membres du Parti, un certain nombre ait monnayé leur pouvoir et quelques-uns bâti de vraies fortunes ? C'est la rançon de cette économie mixte. D'un côté, l'économie de marché produit de l'argent. De l'autre, un parti unique détient le pouvoir sur les investissements, les autorisations, etc.

Depuis des décennies, le parti communiste combat, en principe, la corruption. Les condamnés à mort, exécutés pour de tels faits, se comptent par milliers. Au cours des dix dernières années, la commission de discipline du Parti a recensé sept cent mille cas de corruption ayant fait l'objet d'une poursuite. C'est dire l'ampleur du phénomène ! Chaque jour, la presse relate un cas exemplaire. Ainsi, un des dirigeants de la police de Lufeng est soupçonné de posséder cent quatre-vingt-douze appartements. Théoriquement, les achats immobiliers sont limités et contrôlés. Mais le policier utilisait de fausses cartes d'identité pour acheter le bien et recycler le « cash » qu'il recevait par ailleurs.

Il est vrai que l'immobilier, comme on l'a vécu dans les pays occidentaux, est à la fois source de corruption et lieu privilégié pour recycler l'argent sale. Le système tourne en boucle et s'auto-alimente, l'argent coulant à flots.

Les grandes banques publiques, hier, et ce que l'on appelle aujourd'hui le *shadow banking*, les banques privées, multiplient les crédits. Avec la bénédiction tacite du pouvoir central. La construction de villes nouvelles, l'urbanisation font partie des priorités et ont été l'un des moyens de soutenir la croissance. Depuis la crise des *subprimes*, Beijing a multiplié les plans de relance : 2 000 milliards de dollars de 2008 à 2011. Puis, à l'été 2012, juste avant le congrès du Parti, 2 000 autres milliards, auxquels s'ajoutent environ 1 500 milliards de crédits distribués par des banques et des entités financières privées. Ces crédits se retrouvent dans les dettes des collectivités locales, des entreprises, des ménages. Or ce système bancaire privé n'a pas développé de contrôle prudentiel. Par conséquent, les impayés s'accroissent. Les Chinois ont alors réinventé cette merveilleuse innovation occidentale, la défaisance, dont la France s'était fait une spécialité en son temps, avec le Crédit lyonnais.

L'histoire suivante, authentique, permet de comprendre comment on peut gagner beaucoup d'argent dans la Chine d'aujourd'hui. Le patron d'une entreprise privée alimentaire prospère se voit proposer un prêt de 200 millions de yuans par un de ses amis originaire du même village, cadre supérieur dans une grande banque. Son entreprise n'en a pas besoin, mais son ami lui explique qu'avec cet argent l'entreprise, mais aussi et surtout les deux compères vont investir dans un programme immobilier. Ils ne rembourseront jamais le prêt, car il sera habilement logé dans la structure de défaisance de la banque.

Les entreprises, notamment publiques, ont également récupéré une partie des crédits injectés lors des plans de relance. Elles ont investi dans de nouvelles usines et de nouvelles machines, pas nécessairement indispensables, ce qui a entraîné des surcapacités de production. Comme la valeur de leurs actifs augmentait dans leurs bilans, elles se sont tournées vers les banques en leur demandant des crédits supplémentaires pour acheter... de l'immobilier. Soixante des cent plus hautes tours du monde sont chinoises. Une tour de deux cent deux étages, Sky City, devait être construite en quatre mois, à Changsha. Résultat de cette politique ou, plutôt, de cette non-politique : une envolée des prix. En dix ans, le prix du mètre carré a doublé. Les classes moyennes ont du mal à se loger en centre-ville. Mais sur tout le territoire, on ne compte plus les barres d'immeubles inoccupés et les infrastructures sous-utilisées.

Cette gabegie est symbolisée par Ordos, qui a accueilli le concours de Miss Monde, en août 2012. Cette petite ville de Mongolie intérieure a investi des milliards de dollars pour construire des millions de mètres carrés destinés à loger un million d'habitants. Elle n'en compte aujourd'hui que... trente mille. Ordos est une « ville fantôme ». Les appartements en zone urbaine représentaient, en 2011, 40 % de la richesse des Chinois, contre 26 % aux États-Unis. L'immobilier pèserait plus de 15 % dans le PIB. À comparer avec l'exportation (48 %) et la consommation (34 %). Les tours, les immeubles, les usines ont ainsi poussé comme des champignons. Les collectivités locales, qui possèdent des terrains, en ont multiplié les ventes : toujours plus chers. Cette hausse du foncier se répercute sur les prix. Mais l'argent affluant sans cesse, les acquéreurs continuent d'acheter. On recycle là l'argent noir, qui permet à des millions de Chinois d'afficher un train de vie sans aucun rapport avec leurs revenus officiels. On estime que 60 % de l'argent placé dans l'immobilier est intraçable.

Le pouvoir fait appel au sens civique des citoyens et à Internet pour faire la chasse aux corrompus. Le cas de Yang Dacaï, ce haut fonctionnaire provincial, au comportement hautain et qui aimait se pavaner dans les médias, est désormais célèbre. En reprenant les images et en observant son poignet, des internautes ont découvert qu'il ne possédait pas moins de onze montres de luxe, que son salaire seul ne lui permettait pas d'acquérir. Il est en prison. Cette utilisation d'Internet pour s'attaquer à la corruption a eu des conséquences imprévues. Un nouveau business est apparu : le chantage, l'extorsion de fonds. Des internautes, souvent regroupés en réseaux, repèrent des hauts fonctionnaires, des représentants du Parti, dont la consommation et les signes extérieurs de richesse sont hors de proportion avec leurs salaires. Pire, ils n'hésitent pas à utiliser Photoshop pour truquer, au besoin, les images. Ils menacent de mettre en ligne les images, si on ne leur verse pas plusieurs millions de yuans. La lutte contre la corruption va revenir tel un boomerang sur le Parti, lorsque l'affaire Bo Xilai éclate.

Bo Xilai : une histoire chinoise

Extraordinaire cas d'école que cette affaire Bo Xilai ! Aucun auteur de roman n'aurait imaginé un tel scénario, tant cette affaire est révélatrice de la Chine d'aujourd'hui. Bo Xilai faisait partie comme Xi Jinping de ces « fils de prince », qui occupent désormais le pouvoir. Son père, Bo

Yibo, était un des huit fondateurs du PC chinois, ancien de la Longue Marche, vice-ministre de Mao. Sa famille allait prendre une part active aux débuts de la Révolution culturelle. Il en devient ensuite, selon un des grands classiques des révolutions, une des victimes. Accusé d'être « inféodé à la clique des capitalistes de Liu Shaoqi et de Deng Xiaoping », il sera arrêté, torturé et ses fils, dont Bo Xilai, seront emprisonnés pendant cinq ans. Réhabilité, il deviendra, dès le retour de Deng au pouvoir, un des membres les plus influents du bureau politique. Il sera ensuite le mentor de Jiang Zemin. Il meurt, en 2007, à quatre-vingt-dix-huit ans. Bo Xilai va faire une brillante carrière sous son ombre tutélaire. Considéré comme l'étoile montante du Parti, cet élégant sexagénaire devait intégrer le saint des saints, le comité permanent du bureau politique, lors du congrès de l'automne 2012. Il représentait, selon nos critères occidentaux, l'aile gauche. Le nouveau Premier ministre, Li Keqiang, l'aile droite, Xi Jinping étant au centre. Lorsque Bo Xilai devient, dans les années 2000, le chef du Parti de Chongqing, cette cité de trente millions d'habitants, est un des hauts lieux de la corruption où règnent les triades. Il engage une lutte sans merci contre les « gangs noirs » et les fraudeurs, en s'appuyant sur un policier, Wang Lijun, surnommé l'« Eliot Ness chinois », que lui a recommandé sa femme. Son action, à partir de 2009, sera radicale : plus de cinq mille personnes arrêtées, des exécutions en séries, la confiscation de biens. Le tout sur fond de tortures. On lui reprochera d'avoir appliqué le même traitement aux gangsters qu'aux simples fraudeurs et d'avoir fait fi des quelques règles du droit qui existent en Chine. Si Bo Xilai s'est fait des ennemis dans certains milieux, sa popularité est grande au sein de la population. Il va l'utiliser comme un tremplin et mener bataille au niveau national pour un retour à certaines vertus du maoïsme face aux dérives capitalistes.

Bo Xilai est marié en secondes noces à une avocate très active, Gu Kailai. Le couple a un fils que sa mère adore. Ce « petit-fils de prince » va donc faire des études fort coûteuses à Oxford, puis à Harvard. Il mène, comme beaucoup de ses semblables, une vie de jet-setteur. Comme avocate, Gu Kailai est en contact régulier avec des investisseurs et des « consultants » étrangers. Un Français, Patrick Devillers, et un Anglais, Neil Heywood. Tous deux doivent veiller sur le « fils chéri » dans ses parcours universitaires. En 2000, Gu Kailai achète, pour son fils, une villa à Cannes, *via* Patrick Devillers, qui lui sert de prête-nom. Puis, en 2007, elle lui demande de céder la place à Neil Heywood, qui aurait été son amant. La villa devait être louée pour procurer des revenus au fils. Or les recettes sont maigres. Gu Kailai cherche donc, en 2011, à récupérer la villa, *via* un milliardaire chinois, afin de ne pas apparaître officiellement. Neil Heywood n'est pas d'accord. Il se plaint d'avoir été floué, et menace de tout révéler. Une menace de mort, compte tenu du sort réservé aux personnalités accusées de corruption. Gu Kailai se confie alors à l'Eliot Ness chinois, et ajoute que l'Anglais a proféré des menaces contre son fils. Le chef de la police, Wang Lijun, amoureux de la dame, comme on le découvrira lors du procès, va alors couvrir l'assassinat de Neil Heywood par Gu Kailai en novembre 2011. Craignant les réactions de Bo Xilai, à qui il a avoué les détails du meurtre, il se réfugie au consulat américain, en février 2012, pendant plus de vingt-quatre heures, pour se rendre ensuite aux autorités et tout déballer.

Le scandale est énorme. Gu Kailai sera condamnée à la peine de mort avec sursis, Wang Lijun à quinze ans de prison. Bo Xilai est arrêté, poursuivi pour corruption, et finalement condamné à la prison à vie... dans une résidence réservée aux prisonniers de marque. C'est l'arroseur arrosé. Il déclarera, lors de son procès, que lui et sa femme menaient des vies parallèles et qu'il n'était pas au courant de ses turpitudes financières. Reste que pour l'image du Parti, le mal est fait. D'autant que peu de temps après, une longue enquête du *New York Times* est consacrée à la famille du Premier ministre de l'époque, Wen Jiabao. La famille figure parmi les trois cent quinze milliardaires chinois en dollars. De sa mère à sa femme, en passant par les frères, beaux-frères, fils, filles, la famille aurait amassé, en vingt ans, 2,7 milliards de dollars. En réalisant de bonnes affaires dans l'immobilier, le diamant et les assurances. Nul doute que la position du « bon grand-père » Wen Jiabao a facilité cet enrichissement. Une enquête de la Securities and Exchange Commission (SEC) américaine a notamment mis en lumière les relations entre la grande banque JPMorgan Chase et la fille de Wen Jiabao. La première aurait versé 1,8 million de dollars à la petite entreprise de communication de la seconde. À la même époque, JPMorgan a obtenu de lucratifs contrats du gouvernement chinois pour plusieurs opérations financières, notamment dans les chemins de fer.

Avec la nouvelle équipe de Xi Jinping, la lutte contre la corruption est passée à un stade supérieur. L'un des principaux conseillers économiques, le numéro deux de la puissante Commission nationale pour la réforme et le développement, a été exclu au printemps 2013, et déféré devant la justice. Ce fonctionnaire menait grand train à partir de vingt-cinq comptes en banque, alimentés par les pots-de-vin versés à l'occasion de la négociation de contrats énergétiques. Il a été trahi par sa maîtresse. L'ancien ministre du Rail, lui, a été condamné à mort. Trois des dix personnalités les plus riches de la ville de Chengdu, la capitale du Sichuan, sont sous les verrous. Sont également dans le collimateur plusieurs sociétés d'État, dont China Mobile, Cosco et le pétrolier China National Petroleum Corporation (CNPC). Une vingtaine de cadres sont détenus au secret dans les locaux de la redoutable Commission centrale d'inspection et de discipline du Parti, qui a tous les pouvoirs pour lutter contre la corruption. À tous les niveaux.

L'ancien chef de la sécurité du Parti, Zhou Yongkang, un des hommes les plus puissants de Chine, est en disgrâce, accusé de corruption en faveur des pétroliers[1].

Xi Jinping a promis d'abattre « aussi bien les tigres que les mouches ». Les mouches, ce sont les innombrables petits corrompus. Les tigres, ce sont ceux du sommet et... les groupes étrangers. Car la corruption implique toujours deux acteurs : le corrupteur et le corrompu. En Chine, le corrupteur est assez souvent l'étranger, qui veut obtenir des marchés. Cela passe par les petits cadeaux, les bouteilles de Lafite Rothschild, les montres de luxe. Tout un trafic de faux justificatifs s'est mis en place avec la complicité du personnel d'entreprises occidentales. Les agences de voyages n'étant pas les dernières à participer à ce genre de combine qui vise à dégager du « cash » pour faire des cadeaux à des officiels chinois.

À l'été 2013, l'offensive contre la corruption pratiquée par des groupes étrangers est montée d'un cran, avec la mise en cause du laboratoire britannique GlaxoSmithKline. Ses dirigeants locaux ont « confessé » avoir corrompu des fonctionnaires chargés d'approuver les médicaments et d'en fixer les prix. Après GSK, Sanofi et Novartis ont été, à leur tour,

1. Lire les dossiers sur la corruption en Chine : *Le Monde*, 23 et 24 janvier 2014.

accusés de corruption. Cela s'inscrit dans une offensive plus vaste : le gouvernement attaque maintenant les groupes occidentaux sur le terrain de la concurrence, des ententes, des cartels, de l'absence de transparence sur la fixation des prix. Il accuse les exportateurs européens de vin de vendre à perte et de bénéficier de subventions. Premiers visés : les Français. On a voulu y voir, un instant, une mesure de rétorsion face aux plaintes des Européens sur les panneaux solaires. Mais le dossier, réglé à l'avantage des Chinois sous la pression allemande, les attaques sur le vin n'ont pas pour autant cessé. Les autorités chinoises ont demandé à tous les exportateurs de s'enregistrer. Ils ont ensuite sélectionné une demi-douzaine d'entreprises, dont quatre françaises, leur demandant une transparence totale sur la formation de leurs prix... Ambiance ! Surtout dans un milieu où la discrétion est la règle. Autre attaque qui a causé quelque émoi dans la communauté étrangère en Chine : celle qui vise les cabinets d'influence. Un couple a été emprisonné pour avoir vendu à des entreprises étrangères des informations sur des personnalités chinoises, dans une optique de lobbying.

Cibler les multinationales, notamment celles de la pharmacie, est habile et s'inscrit dans la stratégie plus que jamais nationaliste de l'équipe Xi Jinping. C'est le moyen, de montrer aux Chinois, qui se plaignent de la cherté des médicaments vendus par les groupes étrangers, que le gouvernement agit et s'attaque aux corrompus et aux corrupteurs... surtout s'ils sont étrangers. C'est aussi le moyen de jeter une pierre dans le jardin des Américains et des Occidentaux qui reprochent à la Chine de ne pas respecter les règles du capitalisme. « Vous nous demandez d'adopter votre modèle, répond Beijing, mais ce sont vos entreprises qui ne respectent pas chez nous les règles de base du capitalisme. »

Évasion fiscale et fuite des cerveaux

Cette lutte contre la corruption a des conséquences imprévues sur les grands équilibres macroéconomiques. L'évasion des capitaux prend de l'ampleur. Elle est le fait de particuliers, de hiérarques du Parti et des entreprises. Il y a déjà quelque temps que des économistes et des ONG s'interrogent sur les bizarreries des flux commerciaux chinois. Logiquement, les exportations chinoises doivent être égales à la totalité des importations de Chine par le reste du monde. De même, les importations chinoises doivent être égales à la totalité des exportations mondiales vers la Chine. Or les comptes ne sont pas bons. Et pas pour de petits montants. Une ONG, Global Financial Integrity, estime que Beijing aurait, en 2011, sous-évalué ses exportations et surestimé ses importations pour un total de 430 milliards de dollars. Ces bizarreries se retrouvent au niveau des réserves de la Banque de Chine, qui augmentent nettement moins que le cumul des excédents commerciaux et du solde net des IDE (investissements directs étrangers). Que se passe-t-il? En réalité, il y a un double phénomène. D'une part, les entreprises chinoises camouflent de l'argent à l'étranger. Elles sous-facturent, vis-à-vis du fisc chinois, leurs exportations. Elles surfacturent les importations. Dans les deux cas, la différence est placée à l'étranger. Des cagnottes pour procéder à des acquisitions, et pour le cas où la situation tournerait mal en Chine. Ces capitaux transitent, bien sûr, par des paradis fiscaux, îles Caïmans et autres. Sans parler de tout ce qui est possible par Macao, Hongkong et Singapour. D'autre part, les classes moyennes, les entrepreneurs chinois honnêtes, les cadres supérieurs du Parti et les corrompus mettent de l'argent à l'abri à l'étranger, pour le cas où... Selon un rapport interne de la Banque de Chine, des salariés d'entreprises publiques et des fonctionnaires auraient sorti frauduleusement 120 milliards de dollars depuis une vingtaine d'années *via* les paradis fiscaux *offshore* forts prisés par les Chinois. Hongkong sert également de plateforme pour « sortir » l'argent des millionnaires chinois. Des programmes d'investissement à l'étranger leur permettent de camoufler leur identité et d'acheter des résidences et des passeports, notamment en Afrique. Les autorités chinoises traquent désormais les dirigeants du Parti qui ont utilisé cette filière. Tout haut fonctionnaire doit déclarer ses actifs et ceux de sa famille à l'étranger. Sa carrière sera brisée s'il ne rapatrie pas ses avoirs. Dans la province de Guangzhou, deux mille maires se sont vu retirer leurs passeports à la fin de 2013. Officiellement, il y a plus d'un million de millionnaires en dollars en Chine. Officieusement, beaucoup plus. La très grande majorité envoie ses enfants faire des études hors de Chine. Par conséquent, ils achètent des appartements pour les loger et pour les mauvais jours... Théoriquement, les Chinois ne peuvent transférer à l'étranger que cinquante mille dollars par an. En réalité, il existe de multiples moyens pour sortir beaucoup plus d'argent. Les États-Unis, le Canada, l'Australie et l'Europe accordent souvent des *green cards* à ceux qui achètent pour plus de cinq cent mille dollars de biens immobiliers. Les Chinois sont les premiers à en profiter.

Fuite des capitaux, mais aussi fuite des cerveaux. Un chiffre commence à inquiéter les autorités chinoises : celui de l'émigration. Chaque année, plus de cinq cent mille Chinois quittent la Chine pour s'installer dans un pays de l'OCDE. Il s'agit le plus souvent de jeunes diplômés.

Traditionnellement, c'était plutôt l'inverse qui se produisait. La diaspora chinoise ayant tendance à investir dans son pays et à y revenir. Ce changement dans les mentalités inquiète à Beijing. Faut-il libéraliser pour redonner confiance aux élites et à la classe moyenne ? Au risque que le Parti perde peu à peu son pouvoir et que l'Occident impose son modèle démocratique. Faut-il donner un tour de vis, et refermer les espaces de liberté qui ont été entrouverts ces dernières années ? Au risque de ramener le pays à une certaine autarcie, ce que son économie ne saurait supporter.

La Chine se trouve à la croisée des chemins. Elle sait qu'un cycle trentenaire s'est achevé et qu'un nouveau commence. Comment piloter cette nouvelle époque, continuer à exporter tout en développant la consommation intérieure ? Comment devenir à terme la première puissance mondiale ? En contrôlant son marché intérieur, en devenant non plus l'usine du monde, mais le laboratoire du monde. En développant une puissance militaire et maritime. En menant une stratégie monétaire, qui fasse, à terme, du yuan l'autre grande monnaie internationale face au dollar.

5

Du partenariat global au duel global

Le 25 décembre 2011, Beijing reçoit le Premier ministre japonais, Yoshihiko Noda. Au menu des entretiens avec son homologue chinois : le commerce entre les deux pays, mais aussi et surtout le renforcement de leurs liens monétaires. Le Japon, en cette fin d'année, est groggy. La catastrophe de Fukushima a traumatisé la population. L'économie est désorganisée. Les importations de gaz et de pétrole, pour pallier l'arrêt des centrales nucléaires, plomberont son commerce extérieur. Avec une économie en stagflation depuis plus de vingt ans, une dette publique qui dépasse 230 % du PIB, un yen surévalué depuis les accords du Plaza en 1985 où les États-Unis ont imposé au Japon le maintien d'un yen fort face au dollar, les Japonais sont dans l'impasse.

Yoshihiko Noda vient donc chercher le soutien de son puissant voisin. Les liens entre les deux pays se sont considérablement développés, les entreprises japonaises ayant été les premières à se délocaliser en Chine, après le diktat monétaire de 1985. Le Japon a mené la même stratégie mercantiliste que l'Allemagne et la Chine. À la différence de Berlin, qui veut une monnaie forte, celle-ci a été imposée à Tokyo par Washington. Les groupes japonais ont fait contre mauvaise fortune bon cœur et se sont adaptés. Comme l'Allemagne, le Japon a misé sur l'économie de bazar en faisant fabriquer ses sous-ensembles en Chine, tout en conservant le design, la fabrication des composants les plus évolués, voire l'assemblage final, sur le sol japonais. Une stratégie qui a permis au pays de continuer à engranger des excédents commerciaux considérables. Comme l'Allemagne. Reste qu'avec la catastrophe de Fukushima la donne change.

Pour Beijing, cette visite est l'occasion de frapper un grand coup et d'afficher une de ses grandes ambitions, jusqu'alors plus ou moins cachée : faire de sa monnaie, le yuan, un rival du dollar. Comment? En faisant en sorte que le dollar ne soit plus la seule devise du commerce international. Cette longue marche du yuan vers son internationalisation a commencé très discrètement en 2008 par des accords de swaps avec l'Argentine, chacun des deux pays vendant une partie de ses produits dans sa devise.

Début 2011, Beijing mène campagne auprès de ses partenaires du groupe des Brics (Brésil, Russie, Inde, Afrique du Sud) pour qu'ils se passent progressivement du dollar dans leurs échanges internes, au profit de leurs propres devises. Cela réduirait, expliquent les Chinois, le coût des transactions et le recours aux instruments de couverture de change. Accessoirement, cela diminuerait également le rôle de la finance anglo-saxonne. Beijing a évidemment des arrière-pensées. Sa stratégie est à tiroirs. Dans un premier temps, le commerce bilatéral, notamment entre les Brics, serait progressivement libellé dans de multiples devises. Dans un second temps, il faudra rationaliser, simplifier, et finalement trouver une monnaie commune pour ces échanges. À terme, cette monnaie commune devrait être tout naturellement celle de la première puissance mondiale, c'est-à-dire la Chine. Un objectif à l'horizon 2025.

Le yuan, un autre dollar

La monnaie joue un rôle central dans la stratégie économique suivie par la Chine depuis trente ans. Instruite par l'expérience japonaise, son coup de génie, si l'on peut dire, aura été d'indexer le yuan sur le dollar et d'associer les multinationales à cette politique. Pour ces dernières, l'indexation du yuan sur la principale monnaie mondiale réduisait les risques de change. Quant aux États-Unis, ils n'ont rien trouvé à y redire pendant vingt ans. Pour compenser des déficits commerciaux toujours plus abyssaux, le Trésor américain émettait de la dette, souscrite notamment par la Chine qui recyclait ainsi ses excédents.

Il ne manquait pas de beaux esprits pour vanter ce recyclage harmonieux, ce cercle vertueux, où la Chine prêtait à l'Amérique de quoi acheter *made in China*. C'est peu ou prou ce qui s'est passé en Europe, où l'Allemagne a prêté aux Européens du Sud, à travers les mécanismes de l'euro, de quoi acheter *made in Germany*. Ajoutons qu'au passage les multinationales se frottaient les mains. Elles engrangeaient de considérables profits, localisés hors des territoires américains et européens pour payer le minimum d'impôts.

Dans les années 2000, quelques critiques commencent à s'élever en Occident sur ce cercle devenu vicieux. Avec son cortège de délocalisations, de désindustrialisation, de déficits commerciaux. Avec un endettement abyssal et un chômage qui explose. Fort habilement, Beijing va faire quelques petits gestes en procédant à de microréévaluations du yuan face au dollar. En près de douze ans, de 2002 à la fin de 2013, le yuan s'est ainsi réévalué de quelque 26 %, par rapport au billet vert, et de 18 % par rapport à la livre sterling. Mais ce que les Chinois ont perdu d'un côté, ils l'ont regagné de l'autre car, dans le même laps de temps, le yuan s'est dévalué de 15 % par rapport à l'euro. On voit là tous les effets pervers d'une politique de monnaie forte, voulue par l'Allemagne pour la zone euro et subie par le Japon, jusqu'au changement décidé à l'automne 2012. À cette date, le yen s'était réévalué de 16 % par rapport au yuan. Écart qui va être réduit à zéro avec la « dévaluation » décidée par Shinzo Abe.

Pour Beijing, l'objectif à long terme reste toujours le même : faire du yuan l'autre monnaie internationale, sinon la monnaie mondiale. Une doctrine s'élabore au sein de la Banque populaire de Chine. Avec une idée centrale : libéraliser peu à peu le système financier chinois, tout en maintenant le plus longtemps possible de stricts contrôles sur la monnaie et les changes, ne serait-ce que pour éviter les flux de capitaux spéculatifs et limiter les risques inflationnistes. Dans cette optique, la convertibilité du yuan interviendrait dans une dizaine d'années. Le temps que les entreprises et les pays s'habituent à l'utiliser progressivement dans leurs transactions commerciales et financières avec la Chine. Le temps que les places financières de Hongkong, de Shanghai, sans oublier Singapour soient montées en puissance face à Londres et à Wall Street. Le temps que les grandes banques publiques chinoises soient devenues incontournables sur le marché mondial des capitaux.

Dans ce kriegspiel monétaire mondial, le Japon serait, pour Beijing, un allié de poids, autrement plus important que la Thaïlande, l'Argentine, ou même les Brics. Voilà pourquoi cet accord signé par les deux Premiers ministres, le 25 décembre, à Beijing, marque un tournant. Que dit cet accord ? Les deux pays s'engagent à libeller une part croissante de leurs échanges bilatéraux dans leur monnaie respective, le yuan et le yen, à la place du dollar. Un second volet prévoit que les institutions financières japonaises pourront acheter pour dix milliards de dollars de bons du Trésor chinois émis en yuans. Un montant relativement faible, comparé aux centaines de milliards de dollars de bons du Trésor américains détenus par les banques japonaises. Mais un achat éminemment symbolique. Le Japon donne ainsi l'impression de basculer dans le giron de Beijing et de faire allégeance à la nouvelle puissance dominante de la région. En lâchant peu ou prou les États-Unis.

S'attaquer au dollar a toujours été considéré comme un *casus belli* par Washington. C'est bien parce que le Japon, fort de ses succès industriels et commerciaux, voulait dans les années 1980 faire du yen une grande monnaie internationale, que les États-Unis avaient vigoureusement réagi. Le Japon pensait alors tenir sur le plan économique et financier — il finançait déjà la dette américaine — la revanche de sa défaite militaire de 1945. L'Amérique de Ronald Reagan se mobilisa sur le plan intérieur, en relançant ses industries et en dynamisant sa recherche, pour retrouver le leadership perdu dans certaines technologies. Bref, tout en menant sa lutte contre l'empire du mal incarné par l'URSS, l'Amérique était bien décidée à mettre au pas le Japon. Sa diplomatie, avec la complicité de la Grande-Bretagne, sut utiliser les ambitions chinoises naissantes pour amener le Japon à Canossa.

Comment ? En faisant en sorte que la Chine et une partie du Sud-Est asiatique intègrent la zone dollar. Cela se passera à l'occasion des négociations sur la rétrocession de Hongkong à la Chine. Le yuan se lie *de facto* au dollar Hongkong, qui lui-même s'indexe sur le dollar américain[1].

1. Lire à ce sujet Jean-Michel Quatrepoint, *La Crise globale. On achève bien les classes moyennes et on n'en finit pas d'enrichir les élites*, Mille et une

L'idée d'une zone yen était mort-née. Tokyo mit définitivement un genou à terre, lors de la réunion du Plaza, où les Japonais durent accepter une réévaluation du yen qui atteint 100 % en un an.

Un quart de siècle plus tard, pour les États-Unis l'histoire se répète. À cette différence près que la Chine a pris la place du Japon, et que les ambitions de l'Empire du Milieu sont autrement plus vastes que celles qui animaient l'Empire du Soleil Levant dans les années 1970. Longtemps les Américains ont pensé que l'avenir du monde, leur avenir, se trouvait dans le Pacifique. L'Europe, depuis la fin du communisme, n'était plus au centre de leurs préoccupations. On se souvient de Donald Rumsfeld, secrétaire d'État à la Défense de George W. Bush, la qualifiant, non sans mépris, de « vieille Europe ».

L'eldorado chinois : un mirage pour les multinationales ?

Les Américains sont capables de la plus grande naïveté, comme de la plus grande brutalité. Ils ont rêvé, comme dans un film de Walt Disney, d'un monde idyllique, où le G2, la Chinamérique, dominerait la planète. Un G2 où la Chine s'inspirerait progressivement du modèle économique, politique, social américain. Une Chine, qui deviendrait le nouvel eldorado du capitalisme. Après avoir gagné beaucoup d'argent en produisant au moindre coût, en Chine, pour vendre, aux États-Unis, marchandises et services, les multi-

nuits, 2008, et Id., *Mourir pour le yuan ? Comment éviter une guerre mondiale*, François Bourin, 2011.

nationales allaient en gagner à nouveau beaucoup, en vendant, cette fois, aux consommateurs chinois.

Aux yeux de Washington, il y avait clairement un numéro un et un numéro deux. Or voilà brusquement que les Chinois dévoilent leur jeu, oubliant les principes de prudence de Deng Xiaoping. D'un coup, les Américains découvrent que Beijing entend, à terme, être le numéro un. Tout est fait pour que le consommateur chinois achète des produits fabriqués par les entreprises chinoises. Les multinationales n'auront qu'une part limitée de ce marché. En 2006, juste avant la crise des *subprimes*, la Chine élabore un plan, baptisé « National, Medium- and Long-Term Program for Science and Technology Development ». Il vise à moderniser en profondeur l'économie chinoise, afin que le pays devienne, en 2020, le principal centre d'innovation, et en 2050, le leader mondial de l'innovation. Selon ce plan, le pays doit dépendre de moins en moins des technologies étrangères. La Chine doit donc développer des mécanismes pour que les marchés publics favorisent les produits intégrant une part croissante d'innovation locale. Des circulaires précisent les conditions d'application de ce principe. Beijing entend réserver ses juteux marchés publics aux produits, notamment dans l'électronique et la communication, développés dans les laboratoires chinois, dont les brevets et licences ont été sinisés.

Le cas de la branche médicale de Siemens est, à cet égard, révélateur. Le groupe allemand, pour s'adapter à cette loi, fabrique depuis cinq ans, dans son usine de Shenzhen, son scanner le plus performant. Il a été conçu et développé dans le laboratoire chinois rattaché à l'usine. Près de 70 % de la production est exportée. L'objectif du PDG de l'entreprise est maintenant d'obtenir l'autorisation des autorités chinoises pour vendre ses matériels aux hôpitaux locaux. Reste à savoir à qui appartiennent les brevets. Si Siemens en partage la propriété, les portes des marchés publics s'ouvriront. La volonté politique de siniser l'innovation et de prendre peu à peu la place des groupes occidentaux est patente.

L'American Chamber of Commerce, principal lobby américain, s'en inquiète. Elle monte au créneau et mobilise les parlementaires américains pour obtenir de Beijing une inflexion de sa politique. Le sujet sera au centre des entretiens réguliers que tiennent les dirigeants des deux pays. En 2011, le président Hu Jintao lui-même affirme à ses interlocuteurs que le gouvernement central a demandé aux diverses autorités du pays d'éliminer, dans toutes les procédures de marché public, les dispositions favorisant les produits intégrant de l'innovation locale. Mais la communication entre Beijing et les provinces a parfois du mal à passer, et la Chine a la vieille habitude de ne pas respecter les traités qu'elle signe[1]. Deux ans après l'engagement de Hu Jintao, l'AmCham américaine constate que dans treize provinces rien n'a changé.

Autre sujet sensible : les droits de propriété intellectuelle. Malgré les bonnes paroles du gouvernement central, les copies frauduleuses et le piratage, notamment dans le secteur électronique, restent très largement répandus en Chine. Les entreprises américaines du secteur du software estiment leurs pertes commerciales, dues à un usage illégal de leurs logiciels en Chine, à près de 9 milliards de dollars en 2011. Les États-Unis ont donc peu à peu pris conscience que leur captation du marché chinois serait très difficile, tant les forces vives du pays étaient orientées vers un seul objectif : donner à l'indus-

1. Allusion aux traités signés à partir de la première guerre de l'Opium par la Chine qui s'empressa de les violer, les jugeant, à juste titre, inégaux.

trie chinoise une prééminence mondiale. Cette stratégie de protection de leur marché intérieur et de captation de l'innovation inquiète d'autant plus les Américains que, dans le même temps, les groupes chinois cherchent à s'implanter aux États-Unis et à y racheter des entreprises dans des secteurs stratégiques : pétrole, énergie, télécommunications. Une offensive qui n'est pas loin de rappeler celle des groupes japonais, il y a un peu plus de trente ans.

Pendant que les multinationales s'énervent du double discours de leurs interlocuteurs chinois, Washington va peu à peu prendre conscience des ambitions militaires de Beijing. Ce ne sont pas tant les projets d'envoyer, dans une dizaine d'années, des Chinois sur la Lune, qui inquiètent le Pentagone. Ce n'est pas non plus la montée en puissance de l'armée populaire qui n'a jamais été considérée par les états-majors occidentaux comme un modèle d'efficacité. Sa dernière intervention contre le Vietnam, en 1979, s'était soldée par un échec cuisant. L'événement qui sert de révélateur touche à la marine.

En 1992, Beijing rachète à l'Ukraine, désormais indépendante, un porte-avions. L'idée est de le transformer en casino flottant à Macao. Les années passent et Beijing décide de redonner à ce navire sa mission première de porte-avions, en le reconditionnant aux normes les plus modernes. La technologie des porte-avions étant très complexe, très peu de pays sont capables d'en fabriquer en un temps record. Or, à la surprise générale, le porte-avions chinois fait ses premiers essais en mer, en août 2011. Bien plus rapidement que les services occidentaux ne l'avaient prévu. Dans la foulée, un second porte-avions, intégralement *made in China*, est mis en chantier, à Shanghai.

Pour Washington, le spectre d'un rival maritime ressurgit. Comme le Japon des années 1930. La marine est l'enfant chéri du budget de la Défense chinoise. Elle figure déjà au troisième rang mondial, avec quatre cent vingt-quatre navires de guerre. Dont trois sous-marins lanceurs d'engins, six sous-marins nucléaires d'attaque et cinquante-sept sous-marins. Cette marine est de plus en plus active. Hier, elle se concentrait face à Taïwan. Aujourd'hui, l'île n'est plus pour Beijing un problème. Les liens économiques et financiers entre l'ancien refuge de Tchang Kaï-chek et Mainland sont tels que l'on n'imagine plus Taipei prendre parti contre Beijing. Cette marine chinoise de plus en plus puissante est destinée à sécuriser les routes maritimes, mais aussi et surtout à faire valoir les droits que Beijing estime avoir sur certains îlots et le sous-sol maritime, notamment en mer de Chine méridionale, qui recèle d'immenses réserves d'hydrocarbures.

La Chine considère cet espace comme une zone où les États-Unis n'ont rien à faire. Or Washington, tout au long de l'année 2011, a manifesté, bien au contraire, son intention d'être plus que jamais présente. Barack Obama, en novembre 2011, en Australie, lance même un défi aux ambitions de la Chine en Asie : « En tant que nation du Pacifique, les États-Unis joueront un rôle plus important dans l'avenir de cette région et la direction qu'elle prendra. » Quelques jours plus tard, Beijing et Tokyo signent leur accord monétaire. Pour Washington, ce fut sans doute la goutte d'eau qui fit déborder le vase. Dès lors, Beijing n'est plus le partenaire privilégié. Le G2 n'est plus à l'ordre du jour. Pour Washington, il faut remettre le Japon dans le droit chemin et isoler la Chine.

6

Et le Japon rentra dans le rang

L'histoire nous dira un jour, peut-être, si les services américains sont pour quelque chose dans la relance de la querelle sur la propriété des îles Senkaku-Diaoyu. En avril 2012, Shintaro Ishihara, le gouverneur de Tokyo, jette un pavé dans la mare. En visite aux États-Unis, il annonce son intention de racheter, pour le compte du gouvernorat de Tokyo, à la famille Kurihara, les cinq îlots, pour une somme, dit-on, de 500 millions de dollars. Ishihara n'est pas un inconnu sur la scène japonaise. Cet ancien écrivain devenu parlementaire est considéré comme un ultra-nationaliste. Farouchement anticommuniste, il fut relativement proche de Ronald Reagan. En même temps, il se défend d'être proaméricain. « Dans les relations Japon-États-Unis, a-t-il dit un jour, ce que je déteste le plus ce sont les États-Unis. » Mais ce qu'il déteste encore plus, c'est la Chine. Ishihara, dont la famille est très en vue depuis des générations, refuse la repentance et estime que « si le Japon continue à avoir peur c'en est fini du pays ».

Sa sortie, depuis le territoire américain, n'est pas le fait du hasard. Elle met le gouvernement de Yoshihiko Noda en porte-à-faux à l'approche des législatives, programmées pour décembre 2012. Yoshihiko Noda, qui vient de signer son accord monétaire avec la Chine, est attaqué par la droite japonaise qui l'accuse de ne pas défendre les intérêts du Japon et de perdre la face vis-à-vis de Beijing. Son gouvernement tente d'allumer un contre-feu, en annonçant que c'est l'État, et non la ville de Tokyo, qui rachètera les îlots. Le mal est fait, car, sur l'autre rive, en Chine, les déclarations d'Ishihara, puis celles de Noda, provoquent un tollé. Cette relance de la querelle sur les îlots survient au moment où le parti communiste est en plein débat interne. L'équipe Hu Jintao doit passer la main au congrès d'octobre. Les nouveaux équilibres au sein du futur bureau politique ne sont pas encore bien établis, et l'affaire Bo Xilai vient d'éclater.

Beijing est obligé de réagir vigoureusement, ne serait-ce que pour éviter que la vague antijaponaise, qui déferle dans le pays, ne prenne trop d'ampleur et devienne incontrôlable. Les modérés du Parti ne peuvent pas laisser aux partisans de Bo Xilai et aux nostalgiques du maoïsme le monopole de la défense des intérêts du pays. Ces quelques arpents de terre deviennent le symbole du conflit ancestral sino-japonais. Le contentieux est lourd et n'a pas été purgé. Comme me l'expliquait un de mes interlocuteurs chinois, « en Europe, l'Allemagne a fait acte de repentance pour les atrocités commises. Le Japon, lui, ne l'a jamais fait ». Les Chinois n'ont pas oublié les massacres de Nankin et tous ceux commis par l'armée japonaise.

La provocation de Shintaro Ishihara a réussi. À l'été 2012, les relations entre les deux pays sont au plus mal. Le boycott des produits japonais par le consommateur chinois est spectaculaire. Les voyages d'affaires et touristiques s'effondrent. Le rapprochement Beijing/Tokyo a fait long feu, pour la plus grande satisfaction des États-Unis. Une photo, publiée le 12 mai 2013 dans les journaux japonais, va symboliser le virage japonais et la rupture avec Beijing. On y voit le nouveau Premier ministre conservateur, Shinzo Abe, pouce levé vers le ciel, dans le cockpit d'un avion de combat japonais, portant le numéro 731. Un acte, une photo hautement symboliques, car ils témoignent des nouvelles ambitions du Japon dans le domaine de la défense. Jusqu'alors, le pays n'avait pas d'armée au sens propre du terme, mais de simples forces d'autodéfense. Il n'avait pas d'industrie aéronautique. Que le Premier ministre s'affiche aux commandes d'un avion de combat illustre ce virage. Voilà pourquoi la photo a suscité une levée de boucliers chez les deux voisins du Japon. En Corée du Sud, comme en Chine, où les souvenirs de la Seconde Guerre mondiale et des conflits avec l'Empire du Soleil Levant sont toujours bien vivaces. La réaction a été d'autant plus vive à Beijing que l'avion porte le chiffre 731. Hasard ? Maladresse volontaire ? On ne sait. Mais, pour les Chinois, « 731 » fait référence à une unité de l'armée impériale japonaise qui avait expérimenté des armes chimiques sur des populations civiles en Mandchourie, il y a soixante-dix ans. Cette anecdote en dit long sur le climat en Asie du Sud-Est. Les fantômes de la guerre sont toujours là.

La victoire de Shinzo Abe, aux élections de décembre 2012, marque non seulement un virage à droite de l'électorat, mais aussi la renaissance du nationalisme japonais. Cela s'incarne dans les postures, les propos, mais aussi dans la politique économique. Faut-il y voir la contrepartie du retour du Japon dans le giron américain ? On ne sait. Reste que la première décision du gouvernement de Shinzo Abe n'a pas pu être prise sans l'aval de l'Oncle Sam. Car Shinzo Abe a spectaculairement rompu avec la politique du yen fort. Il remplace le gouverneur de la Banque du Japon, pour y mettre quelqu'un de plus malléable, qui accepte de revoir les objectifs d'inflation à la hausse. On laisse le yen filer sur le marché des changes. Il perdra jusqu'à 30 % par rapport au dollar en quelques mois. C'est, à l'évidence, un des termes du *deal* entre Tokyo et Washington. Le Japon redevient un allié actif et participe à la stratégie de *containment* de la Chine, élaborée par Barack Obama. En y prenant sa part, y compris sur le plan militaire. Ainsi, les forces d'autodéfense japonaises et les marines américains multiplient les exercices conjoints ayant pour thème : « la reprise d'îles lointaines à un ennemi anonyme ». Beijing s'est senti, à juste titre, directement visé. Les États-Unis acceptent que le Japon laisse filer sa monnaie, afin d'avoir un ballon d'oxygène pour faire face à l'après Fukushima et au renchérissement de ses approvisionnements énergétiques.

Le Japon est une des pièces maîtresses de la politique de *containment*, élaborée par Washington. Dès 2010, Hillary Clinton qualifie le XXIe siècle de « siècle du Pacifique pour les États-Unis ». Elle a connu un premier succès spectaculaire avec le détachement de la Birmanie de l'orbite de Beijing. Elle s'est poursuivie avec la mise en place du partenariat transpacifique (« *Trans-Pacific Partnership* », ou TPP), lancé à la fin 2011. La nouvelle région stratégique s'étend « du subcontinent indien à la côte ouest des Amériques ». Une notion reprise par Barack Obama, lors de son voyage en Australie, en novembre 2011.

L'arme du TPP

Dans les années 1990, les États-Unis, forts de leur victoire sur le communisme et de leur statut d'hyperpuissance, avaient privilégié les organisations mondiales, notamment l'Organisation mondiale du commerce. C'est par leur intermédiaire que tout naturellement la démocratie à l'occidentale et l'économie de marché devaient s'imposer comme le seul modèle mondial. La libéralisation des échanges en étant le principal vecteur. La feuille de route assignée à l'OMC était de faire entrer le maximum de pays en son sein et d'ouvrir les négociations sur les domaines, qui n'avaient pas encore été inclus dans les précédents accords de libéralisation des échanges : l'agriculture, la culture, la finance, les brevets et la propriété intellectuelle, les marchés publics. La négociation s'était engagée avec les pays émergents dans le cadre du cycle de Doha. Elle englobait également les questions environnementales et sociales.

Au fil des ans, tensions et divergences sont apparues. Entre la Chine et les pays occidentaux. Entre le Brésil, les États-Unis et l'Europe. La libéralisation totale des échanges se révélait une mission impossible, tant les différences culturelles et de niveaux de vie, les intérêts étaient incompatibles. Dès lors que le marché chinois se fermait, et que les grands pays émergents rechignaient à rallier leur croisade en faveur du libre-échange, les États-Unis ont changé leur fusil d'épaule. Ils lancent cette idée du partenariat transpacifique, en espérant attirer, un à un, tous les pays de la zone qui ont peur des ambitions de Beijing, et préfèrent se rallier à l'Oncle Sam.

Les neuf pays à l'origine du TPP (États-Unis, Australie, Brunei, Malaisie, Nouvelle-Zélande, Singapour, Vietnam et, sur la façade d'Amérique du Sud, le Chili et le Pérou) veulent un accord global qui libéralise le commerce et les investissements. Avec trois objectifs. D'abord, un accord classique de libre-échange pour les produits agricoles, industriels, le textile, avec un volet traitant de la protection de la propriété intellectuelle, des questions sociales et environnementales. Ensuite, ce partenariat vise à mettre en place un cadre réglementaire et une politique permettant aux PME innovatrices d'exercer leurs activités sans entraves dans la zone. Enfin, le TPP doit encourager les échanges et les investissements dans les nouvelles technologies numériques et veiller à ce que les entreprises publiques soient soumises aux mêmes règles de concurrence que le secteur privé.

Barack Obama va, à l'occasion d'un des forums annuels de coopération économique Asie-Pacifique, enfoncer le clou : « Pour une économie telle que la nôtre, dont les avantages compétitifs reposent sur la connaissance, la capacité d'innovation, les brevets et les copyrights, il n'est pas acceptable de ne pas obtenir la protection dont nous avons besoin dans un marché aussi vaste que le marché chinois[1]. »

La cyberguerre

Le duel Washington-Beijing se veut global. Sur mer, car, derrière la querelle des îles Senkaku-Diaoyu, il y a la volonté des Chinois de maintenir la marine américaine hors de sa zone d'exclusion économique. Avec des lectures différentes sur la définition de telles zones[2]. Dans l'espace, car Beijing espère envoyer des taïkonautes sur la lune, entre 2025

1. Brock R. Williams, *Trans-Pacific Partnership (TPP) Countries : Comparative Trade and Economic Analysis*, rapport au congrès américain, Washington (D.C.), Congressional Research Service, 10 juin 2013. Avec le basculement du Japon et l'adhésion du Canada et du Mexique, le TPP couvre une zone représentant 60 % du PIB mondial, et 800 millions d'habitants.

2. En novembre 2013, les tensions sont montées d'un cran. Beijing a décidé d'instaurer une nouvelle zone de défense aérienne englobant les îles Senkaku-Diaoyu. Tout survol devrait être signalé à la Chine. Immédiatement, le Japon et les États-Unis ont réagi en organisant le survol de cette

et 2030, avec l'ambition avouée d'y installer ensuite une base permanente. Et surtout dans le cyberespace.

Depuis quelques années, les Américains, qu'il s'agisse de multinationales ou d'agences gouvernementales, sont victimes de plusieurs intrusions de hackers dans leurs systèmes informatiques. En mai 2013, dans son rapport annuel au Congrès, le Pentagone a directement accusé le gouvernement chinois et l'armée de libération populaire d'être à l'origine de ces intrusions informatiques. Elles visent à obtenir des informations technologiques, mais aussi des renseignements sur les réseaux de défense américains, leur logistique et leur capacité à réagir en cas de crise. Le rapport du Pentagone insiste sur un phénomène nouveau : la capacité de la Chine à développer des moyens électroniques militaires capables d'aveugler les satellites américains et de faire en sorte que l'informatique du système de défense américain ne soit pas opérationnelle en mer de Chine. Les hackers chinois auraient également pillé les plans d'avions de combat comme le F-35, le F-18, ou de l'hélicoptère Blackhawk.

Le *New York Times* a publié le résultat d'une longue enquête menée par une entreprise américaine de sécurité informatique, Mandiant. Selon cette étude, la plupart des cyberattaques, dont ont été victimes les entreprises américaines et les agences gouvernementales, proviennent d'un immeuble de la banlieue de Shanghai, qui abritait une filiale de l'armée populaire, intitulée PLA Unit 61398. Beijing a vigoureusement démenti être derrière cette entité. Tout en rejetant en bloc les accusations américaines, les

zone par des avions militaires... sans prévenir les Chinois. Une guerre des nerfs s'installe en mer de Chine.

Chinois renvoient la balle à l'envoyeur : « Vous accusez les autres de faire ce que vous pratiquez. »

De fait, les États-Unis ont multiplié les intrusions informatiques contre l'Iran, pour bloquer son programme nucléaire. Le directeur de la National Security Agency (NSA), le général Keith Alexander, pilote directement une douzaine d'unités offensives « *fast growing cyber command* », chargées de préparer des attaques, si nécessaire, contre des réseaux informatiques étrangers. C'est sur ce fond de cyberguerre froide que sont venues se greffer les révélations de Peter Snowden, cet employé de la NSA, qui a fait défection. Ses informations, distillées dans les grands médias anglo-saxons, puis européens, ont fait l'effet d'une bombe. On a découvert que cet organisme très secret écoute le monde entier et a pris peu à peu une place prépondérante par rapport à la CIA. La NSA et son réseau Echelon espionnent toutes les communications, tous les mails, et pénètrent tous les systèmes informatiques.

La lutte contre le terrorisme et al-Qaida a été l'argument invoqué pour obtenir, après le 11 septembre 2001, l'accord tacite de ses principaux alliés pour collaborer au réseau Echelon. Mais les activités dites « terroristes » et al-Qaida ne représentent plus qu'une faible partie des activités de la NSA. Avec les révélations de Peter Snowden, non démenties, on a brusquement réalisé que la NSA espionnait alliés et partenaires, dans tous les domaines, à commencer par l'économie et les relations commerciales, au profit des États-Unis, mais aussi de ses multinationales.

Lors de la session de septembre 2013 de l'ONU, la Présidente brésilienne, Dilma Rousseff, s'est livrée à la tribune à une vigoureuse attaque contre les États-Unis en présence d'Obama. Il est vrai qu'elle avait été l'objet, ainsi que ses conseillers, des pratiques de la NSA. L'agence américaine a installé un centre informatique à Brasilia directement connecté sur le réseau local de télécommunications. Il interceptait les millions de mails et de conversations de citoyens brésiliens, à commencer par ceux de la Présidente. Cette dernière a directement interpellé Barack Obama lui demandant excuses, explications et la garantie que de telles intrusions ne se reproduiraient pas. Elle obtiendra de bonnes paroles mais, sur le fond, rien ne changera. Obama a-t-il d'ailleurs les moyens de faire pression sur la NSA, ce *Big Brother*, devenu un État dans l'État ? Les tensions monteront d'un cran, lorsque *Der Spiegel* révélera que l'ambassade américaine de Berlin écoutait, elle aussi, les conversations des dirigeants allemands. Quant aux Français, ils sont l'objet depuis toujours des écoutes attentives du réseau Echelon.

La NSA fait donc, à tous les autres pays, ce que les Américains reprochent aux Chinois de leur faire. C'est l'hôpital qui se moque de la charité ! Il est hautement symbolique que, dans sa fuite, Peter Snowden ait choisi comme première escale Hongkong. Le personnage était trop sulfureux pour que la Chine l'accueille, mais elle a facilité son départ vers la Russie de Vladimir Poutine, qui n'a pas les mêmes pudeurs, ou la même hypocrisie, que les dirigeants chinois. Moscou lui a accordé le droit d'asile pour un an.

7
Les sept périls

L'offensive américaine et le virage nationaliste du Japon ont amené la Chine à réviser quelques-unes de ses options géostratégiques. Plus on mènera campagne dans les médias et sur la scène internationale, pour qu'elle adopte le modèle démocratique occidental ; plus on lui fera la leçon au nom du libre-échange et des droits de l'homme, plus elle se fermera. Vis-à-vis de l'extérieur, comme à l'intérieur. Certes, la Chine ne peut pas vivre en autarcie. Elle est dépendante du commerce international. Il lui faut continuer d'exporter pour financer ses importations, notamment des matières premières. Reste que dans le bras de fer avec les Américains, le plus dépendant des deux n'est pas forcément celui que l'on croit.

La multiplication des enquêtes sur le dumping chinois et le blocage d'un certain nombre d'investissements n'empêchent pas le commerce sino-américain de continuer de prospérer. En 2008, les importations américaines de Chine atteignaient 338 milliards de dollars, 425 milliards en 2012. Les importations dans le secteur de l'informatique et de la communication sont passées de 72 milliards à 120 milliards de dollars. Sans elles, l'économie américaine s'arrête. La Chine représente toujours 17,8 % du total des importations américaines. Le déficit entre les deux pays ne se réduit pas. Il augmente même : 295 milliards en 2011 (année fiscale) ; 315 milliards en 2012 ; 324 milliards en 2013.

Autre élément de dépendance : la dette américaine. La Chine en reste le premier détenteur étranger. À la fin de juin 2013, elle possédait, avec Hongkong, 1 400 milliards de dollars de bons du Trésor américains, sur une dette américaine totale de plus de 17 400 milliards de dollars. On dit souvent que prêteurs et emprunteurs se tiennent par la barbichette et que la Chine, en l'occurrence, serait piégée. Si elle vend massivement ses bons du Trésor américains, cela risque de faire baisser le dollar, donc la valeur des actifs en dollars détenus par la Banque de Chine. Cela ferait grimper le taux de change du yuan. Ce qui nuirait à la compétitivité de ses exportations.

Deux économistes américains, Niall Ferguson et Moritz Schularick, ont inventé le terme, non pas de Chinamerica, mais de Chimerica, pour qualifier la relation symbiotique entre la croissance chinoise portée par les exportations et la consommation excessive de l'Amérique financée par la dette. La Chimerica serait donc, à l'image de la Chimère de la mythologie grecque, un monstre hybride, qui n'a pas d'avenir. Tant elle a généré dans l'économie mondiale des distorsions massives et terrifiantes[1].

La Chine n'a donc pas intérêt à se défaire massivement sur le marché de ses bons du Trésor américains. En même temps, elle ne peut pas laisser cet argent inutilisé, stérilisé. D'autant que, parallèlement, son secteur bancaire, en multipliant les crédits, a créé une vaste bulle. La Banque de Chine et le gouvernement central serrent, autant qu'ils le

1. Alexander Friedman, *Project Syndicate*, 2013.

peuvent, les robinets du crédit. Avec le risque non négligeable de déboucher sur une crise du secteur bancaire, qui aurait alors besoin d'être recapitalisé. Une idée chemine donc dans certains milieux financiers. Beijing pourrait transférer une partie de ses bons du Trésor américains dans son secteur bancaire pour le recapitaliser. Il appartiendrait ensuite à chaque établissement de monétiser progressivement ces apports en dollars, pour faire des crédits en yuans à l'économie chinoise, ou à d'autres. Certes, cela ferait monter peu à peu la valeur du yuan. Mais cela renforcerait son rôle de monnaie internationale, et les crédits à l'économie chinoise devraient être ainsi moins porteurs d'inflation.

Beijing va donc maintenir sa stratégie en matière monétaire. Pas de déclaration à l'emporte-pièce, moins de rodomontades, mais une montée en puissance continue. En jouant les Brics, en offrant aux grandes entreprises mondiales des instruments financiers de plus en plus sophistiqués, en les habituant à travailler en yuans et plus seulement en dollars. En octobre 2013, la Banque populaire de Chine et la Banque centrale européenne (BCE) signent, à leur tour, un accord de swaps de devises, portant sur 45 milliards d'euros. La Banque d'Angleterre avait agi de même. Cette fois, Washington laisse faire. Il est vrai que le yuan ne pèse presque rien dans les réserves mondiales des banques centrales : 3 % contre 62 % pour le dollar. Mais la Chine poursuit sa politique d'internationalisation du yuan. *Ne varietur.*

Le nouveau Premier ministre, Li Keqiang, a lui-même repris le dossier. Une nouvelle zone de libre-échange est mise en place à Shanghai, avec un objectif : ouvrir progressivement la Chine dans le domaine financier, pour faire de Shanghai une place financière mondiale incontournable.

On a ainsi autorisé six *hedge funds* à accepter des fonds en yuans, d'établissements financiers ou de riches investisseurs chinois. Ces fonds pourront convertir les yuans en devises étrangères et les placer sur les marchés d'actions hors de Chine. Pour le moment, les montants autorisés sont limités, mais les autorités chinoises devraient peu à peu les accroître. À l'image de ce qu'elles ont fait, dans l'autre sens. Près de deux cents « investisseurs institutionnels qualifiés » ont été autorisés à investir sur les marchés financiers en Chine, pour un montant total de 150 millions de dollars.

Cette stratégie d'ouverture contrôlée, dans le domaine financier, ressemble fort à ce qui avait été mis en place dans le domaine industriel. On ouvre parcimonieusement, en continuant de contrôler le système, pour éviter d'être débordé et que le Parti ne perde le pouvoir. Pour les étrangers, c'est à prendre ou à laisser. Ou ils jouent le jeu de Beijing et ils peuvent espérer y trouver leur compte, ou ils ne le jouent pas et ils sont exclus *de facto* du marché.

La grande crainte des dirigeants, qu'il s'agisse de l'aile conservatrice ou de l'aile dite « libérale », c'est que la machine s'emballe et que le pays connaisse le même sort que l'URSS à la fin des années 1980. C'est même leur hantise. Gorbatchev et sa perestroïka sont, pour le Parti, l'exemple même de ce qu'il ne faut pas faire.

La répression à Tian'anmen, après d'intenses débats internes, fut le résultat de ces réflexions. Elles sont toujours d'actualité. « Si on libéralise d'un coup en adoptant le modèle occidental, plus rien n'est maîtrisable. Non seulement le Parti perdra le pouvoir, mais la Chine risque d'éclater et de revenir au temps des seigneurs de la guerre, remplacés cette fois par des milliardaires, qui géreront les provinces à leur profit. » Pour le moment les milliardaires prospèrent. Mais dans le cadre du Parti. Tel est le dilemme de l'ancienne comme de la nouvelle équipe. Poursuivre sur la voie d'une économie socialiste de marché, de moins en moins socialiste, tout en évitant que ce marché ne soit pris par les étrangers, et que le PC ne perde le pouvoir. Plus les États-Unis mènent l'offensive idéologique contre Beijing, plus le pouvoir se crispe. En politique intérieure, l'heure est indiscutablement au durcissement.

En Chine, on aime les symboles et les chiffres. Notamment le chiffre 9. Au printemps dernier, le Parti a élaboré un document à l'usage de ses cadres. Ce document numéro 9 recense « les moyens utilisés par les milieux occidentaux hostiles à la Chine et les dissidents à l'intérieur du pays pour infiltrer la sphère idéologique ». Il énumère, pour les dénoncer, les « sept périls » provenant de l'ouest. De la démocratie constitutionnelle occidentale à la promotion des valeurs universelles des droits de l'homme, en passant par l'idée de l'indépendance des médias, la propagande en faveur du néo-libéralisme et les critiques « nihilistes » sur les heures sombres du Parti.

Pour les auteurs du document numéro 9, qui n'a pu être publié qu'avec l'accord du bureau politique et de Xi Jinping, la promotion des idées occidentales est une tentative pour nier le *leadership* du Parti. Un éditorial du *Quotidien du Peuple* a repris les thèmes de ce document, avec une rhétorique qui rappelle les plus beaux jours du maoïsme : « Le constitutionnalisme est une arme dans la guerre psychologique et idéologique, utilisée par les magnats du capitalisme américain et leurs alliés en Chine, pour pervertir le système socialiste chinois. » Ce document numéro 9 a fait l'objet, pendant des mois, d'intenses discussions par les cadres du Parti, aux quatre coins de la Chine. Xi Jinping montre l'exemple. Certes, son style décontracté tranche avec celui, très guindé, de son prédécesseur. Mais il n'hésite pas à dénoncer l'hédonisme, l'extravagance, le bureaucratisme. Des métaphores, rappelant celles en cours à l'époque de Mao.

Le durcissement du régime s'est effectivement fait sentir à partir de l'été 2013, en particulier sur le web. Internet a connu un extraordinaire développement en Chine. Un éditorialiste du *New York Times*, Thomas Friedman, avait bien résumé l'attitude paradoxale du pouvoir à l'égard des internautes : « La Chine est aujourd'hui un étrange hybride, une autocratie, où quatre cents millions de blogueurs sont à la fois censurés, redoutés et écoutés[1]. » La censure de ces blogueurs, au nombre désormais de six cents millions, se fait au travers d'un contrôle très strict de ce qui transite sur les messageries. Le Google chinois, Tencent[2], star des services en ligne, qui pèse cent milliards de dollars à la Bourse de Hongkong, a installé, comme ses concurrents, des filtres dans les logiciels, pour empêcher la diffusion de certains propos. Des équipes sont spécialement chargées de faire disparaître des mémoires les contenus séditieux qui auraient été malgré tout publiés. Pour Tencent et ses collègues, c'est cela ou ne plus avoir d'autorisations. Le durcissement du pouvoir à l'égard des blogueurs s'est traduit par la mise en place de sanctions, s'ils « lancent des rumeurs, vues plus de cinq mille fois ou partagées plus de cinq cents fois ».

1. Thomas Friedman, « The Talk of China », *The New York Times*, 15 septembre 2012.

2. Lire sur Tencent l'article du *Monde* par Harold Thibault, « Réseaux sociaux : Tencent, la censure au quotidien », 20 septembre 2013. Tencent a créé Weixin, le Facebook chinois, qui a conquis en trois ans 300 millions d'utilisateurs. Une progression rendue possible grâce au blocage par les autorités chinoises de Facebook, Twitter et Youtube depuis 2009.

La notion de rumeur est évidemment très vague. Jusqu'à l'été 2013, le pouvoir laissait quelque peu la bride sur le cou aux internautes. Les réseaux sociaux permettaient à la société civile d'exprimer ses récriminations, notamment sur ce qui touche aux sujets les plus sensibles : la pollution, la corruption, les abus de pouvoir des petits chefs locaux. Le Parti, notamment les organes dirigeants de Beijing, a utilisé les internautes pour faire remonter l'information. Un certain nombre d'abus dénoncés sur les réseaux sociaux ont été récupérés par le pouvoir qui en a sanctionné les auteurs. Il a pu ainsi montrer aux classes moyennes que l'on tenait compte de leurs avis. En revanche, les critiques sur le rôle du Parti sont nettement moins acceptées.

La répression à l'égard des internautes et des blogueurs, qui demandent une plus grande ouverture démocratique, s'est accrue, depuis l'élaboration du document numéro 9. Plusieurs dirigeants du Mouvement des nouveaux citoyens ont été arrêtés, en particulier Wang Gongquan, un milliardaire qui a fait fortune dans l'immobilier et dans les *start-up* et s'est engagé dans la lutte pour les droits civiques. Ce mouvement s'est développé dans quelques grandes villes, au sein des classes moyennes supérieures et dans les milieux universitaires. Reste à savoir si leur audience dépasse ces quelques cercles. Dans un pays habitué à l'autoritarisme, la répression peut étouffer les velléités de contestation. D'autant que, pour la masse de la population, le modèle démocratique à l'anglo-saxonne ne veut pas dire grand-chose. Si les critiques à l'égard de la politique poursuivie par Beijing ne manquent pas, le Chinois moyen estime que le modèle occidental est lui-même en crise, et qu'en la matière les Occidentaux n'ont pas de leçons à lui donner.

La Chine cherche à faire évoluer son propre modèle, qui reste celui d'un « autoritarisme adaptatif ». Le PC s'adapte, évolue, essaie de tenir compte des opinions contradictoires, tente d'instaurer un État de droit, non pas calqué sur le modèle anglo-saxon, mais qui soit une synthèse des normes anglo-saxonnes auxquelles sont habitués les multinationales et les étrangers, du droit à la française, et des règles et valeurs héritées du confucéisme. Dans le domaine de la justice, le PC est bien conscient qu'il faut en améliorer le fonctionnement, sans pour autant déboucher sur les procès à l'américaine.

Le cas de Bo Xilai a été l'occasion de faire évoluer les choses. Le procès n'a pas été aussi caricatural qu'on l'avait prédit. L'homme s'est défendu, a présenté sa version des faits, contesté les témoignages. Ce qui a pris à contre-pied tous ceux qui s'attendaient à une justice stalinienne. Cela n'a pas empêché qu'il soit condamné à la prison à vie. « Quelles que soit l'importance de la fonction et l'ampleur du pouvoir que l'on a, a commenté *Le Quotidien du Peuple*, on ne peut pas échapper à la punition de la loi. » Bo Xilai a été sévèrement condamné : pour l'exemple, et pour désamorcer les critiques de ceux qui dénoncent la « caste des fils de prince », ces intouchables qui cumulent richesse et pouvoir alors que les inégalités ne cessent de se creuser dans le pays.

La société chinoise est devenue au fil des ans une des plus inégalitaires du monde. Le coefficient Gini mesure le taux d'inégalité et la répartition des richesses. Zéro serait l'égalité totale, et un l'inégalité totale. Ce taux a atteint officiellement 0,47 en 2012. Il serait même bien plus élevé — 0,61 — si l'on en croit les derniers calculs du centre d'enquête et de recherche sur les revenus des ménages, un institut lié à la Banque de Chine. Sur la scène mondiale, c'est un des plus mauvais taux. Les pays les plus égalitaires (Danemark) ont un taux de 0,2, les plus inégalitaires de 0,6. La France se situant à 0,289. À la fin des années 1980, l'écart de richesse entre les 10 % les plus riches et les 10 % les plus pauvres était de 12 en Chine. En 2007, il était de 23.

La nouvelle équipe dirigeante a fait de la réduction des inégalités une de ses grandes priorités en promettant de doubler le revenu par habitant d'ici à 2020. Pas question donc de donner l'impression que le pays va libéraliser à outrance, puisque le régime a expliqué pendant des années que le capitalisme, c'était précisément l'accroissement des inégalités. Ce qui depuis vingt ans est objectivement vrai. Cela ne veut pas dire pour autant que Beijing va refermer toutes les portes. Bien au contraire. Mais le pouvoir veut les ouvrir une à une, à son rythme, sans se faire imposer un agenda qui ne serait pas le sien.

Le modèle qui avait réussi pour les Trente Glorieuses sera donc reproduit. On ouvre des zones, comme hier à Shenzen, où l'on expérimente le libéralisme occidental. Dans l'industrie, la finance, mais aussi dans le domaine ultra-sensible de la communication et d'Internet. Dans la nouvelle zone de libre-échange de Shanghai, plusieurs sites Internet, dont celui du *New York Times*, pourraient être autorisés, sans aucune censure. Une brèche dans la « Grande Muraille de l'Internet chinois », qui aurait un objectif : garantir aux opérateurs étrangers dans cette zone un Internet de qualité. Un moyen aussi de montrer aux Américains que la Chine va à son rythme, et non à celui que voudrait lui imposer Washington.

8

Un nouvel axe Moscou-Beijing

La contre-offensive américaine a également conduit à une inflexion de la géostratégie chinoise. Pour son premier voyage à l'étranger en tant que nouveau chef du Parti, Xi Jinping a choisi Moscou. Ce n'est pas un hasard. Les relations entre les deux capitales du communisme n'ont pas toujours été au beau fixe. Les Chinois, qui ont de la mémoire, se souviennent que la Russie tsariste était au côté des puissances occidentales pendant le siècle de l'humiliation. La victoire de Mao Zedong face à Tchang Kaï-chek ne doit pas grand-chose à l'URSS. Pendant la Révolution culturelle, la Chine s'est repliée sur elle-même, et durant la guerre du Vietnam, on ne peut pas dire qu'elle ait beaucoup aidé Hanoï. Les deux pays se sont même retrouvés dans des camps opposés à la fin des années 1970, à propos du Cambodge. La Chine a soutenu les Khmers rouges. L'URSS restant un fidèle allié du Vietnam, notamment lorsque celui-ci a envahi le Cambodge. Les frictions entre Beijing et Hanoï ont même dégénéré en une vraie guerre en 1979, qui fit plusieurs milliers de morts en quelques semaines. Dans les années 1980, Deng Xiaoping, pour développer son économie socialiste de marché, choisit délibérément l'alliance avec les Américains.

La Russie de Boris Eltsine avait quelque peu disparu des écrans radar des dirigeants chinois, qui regardaient surtout vers le Pacifique et l'Europe pour leurs exportations, et vers l'Afrique et le Proche-Orient comme réservoir de matières premières. Le tout transitant par la mer. Avec l'arrivée de Vladimir Poutine, le climat va progressivement changer. Les relations commerciales se développent. En vingt ans, les échanges ont été multipliés par quatorze. La Russie fournit ce que les Occidentaux ne veulent pas vendre : des armes et de la technologie spatiale. En retour, la Chine exporte des biens de consommation. Pour les deux pays, l'énergie est l'enjeu principal. La Chine doit diversifier ses sources d'approvisionnement, avec des routes sécurisées, qui ne puissent pas être bloquées en cas de tensions dans le Pacifique. Globalement, la balance énergétique nette de la Chine est déficitaire de 440 millions de tonnes d'équivalent pétrole. Un déficit qui se creuse au fil des ans. Pour ce qui est du charbon, elle est peu ou prou autosuffisante. Ce qu'elle importe d'Australie, elle l'exporte ailleurs. Elle est, en revanche, dépendante en ce qui concerne le pétrole et le gaz naturel. Deux produits dont la Russie regorge. Une force pour ce pays, mais aussi une faiblesse, car son économie et ses recettes dépendent essentiellement de ses exportations de matières premières. Avec le risque inhérent à tout pays producteur : voir les prix et donc ses revenus, chuter. Une perspective que l'on ne peut plus exclure, avec la nouvelle politique énergétique américaine.

Géopolitique et enjeux énergétiques

Pendant des décennies, les États-Unis ont fait le choix d'avoir un déficit énergétique plutôt que de pomper sur leurs réserves. Il est vrai que les préoccupations écologiques ont freiné les velléités des grands groupes pétroliers. Tant en Alaska que pour l'exploration des schistes bitumineux. En outre, toutes les activités pétrochimiques polluantes ont été progressivement délocalisées dans le tiers-monde. Un homme avait même théorisé ce mouvement : Lawrence Summers. Celui qui allait devenir secrétaire au Trésor de Bill Clinton puis chef des conseillers économiques de Barack Obama était au début des années 1990 un économiste en vue du FMI. Fervent partisan du « consensus de Washington » il avait prôné dans une note interne à la Banque mondiale de délocaliser les industries polluantes : « La Banque mondiale ne devrait-elle pas encourager davantage la migration des industries sales vers les pays les moins développés ? Je le pense pour trois raisons. Une quantité donnée de pollution affectant la santé doit être faite dans le pays ayant les coûts les plus faibles, qui sera donc le pays dont les salaires sont les plus bas. Je pense que la logique économique derrière le déchargement de déchets toxiques dans les pays aux salaires les plus bas est irréprochable, et nous devons le regarder en face[1]. » L'Amérique va suivre ce conseil. Elle mise à fond sur Internet, les nouvelles technologies, la finance, toutes les activités « propres ». Résultat : le déficit énergétique s'envole, pour atteindre 606 millions de tonnes d'équivalent pétrole en l'an 2000.

Avec la crise, l'éclatement de la bulle des *subprimes*, l'accumulation des déficits du commerce extérieur et la montée de l'endettement, les États-Unis vont prendre conscience que l'énergie est leur talon d'Achille. S'ils veulent réduire les déficits, être moins dépendants du Proche-Orient, il leur faut trouver d'urgence de nouvelles

1. Lawrence Summers, Banque mondiale, note interne, décembre 1991.

sources d'énergie sur leur sol. Le nucléaire ? Le processus est long, coûteux et la population n'a toujours pas oublié l'accident de Three Miles Island. Les énergies renouvelables ? C'est insuffisant et, là aussi, coûteux. De plus, les Chinois ont pris progressivement la maîtrise de la filière photovoltaïque. Reste alors le gaz et le pétrole de schiste, en abondance dans le sous-sol américain. On ne l'exploitait pas en raison du coût élevé de l'extraction et des risques pour l'environnement. Pour les compagnies pétrolières, mieux valait acheter le pétrole, et même l'essence, aux Saoudiens et aux Émirats, plutôt que de se lancer dans l'exploration aux États-Unis.

La donne a changé. Cette fois, il s'agit d'un projet d'intérêt national, avalisé par la Maison-Blanche, comme par le *big business*. Il faut extraire vite et massivement du sol américain toutes les énergies fossiles. À commencer par le charbon, dont les Américains exportent plus de 100 millions de tonnes, notamment vers l'Allemagne, qui en a besoin depuis qu'elle ferme ses centrales nucléaires. Les États-Unis assurent désormais 24 % de la production mondiale de gaz naturel. Ils sont passés devant la Russie. Cela, grâce au gaz de schiste. D'importateurs, les Américains vont devenir exportateurs. Avec des prix sensiblement inférieurs à ceux pratiqués sur le marché mondial. Les résultats sont d'ores et déjà spectaculaires. Le déficit de la balance énergétique nette, qui était encore le plus élevé du monde en 2011 (457 millions de TEP), est tombé à 392 millions en 2012 et devrait encore diminuer en 2013.

En 2015, les États-Unis deviendront le premier producteur mondial de pétrole et à l'horizon 2020, leur indépendance énergétique devrait être acquise.

Non seulement l'exploitation massive, intensive de ce gaz et pétrole de schiste réduit le déficit énergétique du pays, mais en plus c'est une arme offensive pour offrir à l'économie américaine une énergie bon marché.

Ainsi, l'industrie pétrochimique relocalise aux États-Unis. Le patron australien du géant américain Dow Chemical, Andrew Liveris, ne mâche pas ses mots. Dans une interview au *Monde*[1], il explique que l'« essor du gaz de schiste aux États-Unis a fait baisser les prix du gaz sur place et rendu l'Amérique plus compétitive. Au final, avec l'impact des devises, les États-Unis sont redevenus une zone attractive pour la production chimique ». Cent dix projets d'investissements ont été lancés outre-Atlantique, pour un montant de 77 milliards de dollars. Ils devraient créer 1,3 million d'emplois d'ici à 2020. « L'Europe, elle, ajoute Andrew Liveris, se retrouve un peu hors jeu. » Une Europe qui a besoin d'une politique énergétique cohérente : « Sans nucléaire, et si vous ne voulez pas exploiter les gaz de schiste, vous vous retrouvez otages du pétrole importé, du gaz russe, et des énergies renouvelables. Vous avez alors des coûts élevés pour l'énergie et toute votre industrie qui en consomme beaucoup risque de ne plus être compétitive. »

Un rapport de la Commission européenne a confirmé cette analyse début 2014. Les prix de l'électricité en Europe sont plus du double de ceux des États-Unis et 20 % plus élevés qu'en Chine. Le prix du gaz y est près de quatre fois plus cher qu'aux États-Unis ou en Russie.

Andrew Liveris va plus loin dans l'analyse géostratégique. Il n'est pas favorable à ce que les États-Unis exportent sans contrepartie son gaz naturel : « Si vous exportez trop votre production nationale d'énergie cela vous amène à acheter à

1. Andrew Liveris, « Dow Chemical : "Dans la chimie, l'Europe est en train de devenir la zone la moins compétitive au monde" », *Le Monde*, 19 septembre 2013.

l'étranger en sens inverse, et donc à importer les coûts du pétrole dans votre économie. Pour la compétitivité des États-Unis, mieux vaut transformer le gaz sur place, et créer ainsi des emplois. » Un comportement protectionniste ? « Pas du tout, rétorque Andrew Liveris, je suis pour les marchés ouverts, mais il faut que les relations soient justes. Je suis réaliste : nous ne sommes pas dans un monde de concurrence pure et parfaite... Il peut y avoir des rapports équilibrés : tu me donnes accès à ton marché, je t'ouvre les portes du mien. Sur cette base, le gaz peut circuler librement. S'il y a un accord commercial avec l'Europe, vous aurez du gaz liquéfié en provenance des États-Unis. »

Andrew Liveris n'a pas les pudeurs des diplomates. Il expose sans fard le chantage auquel l'Amérique va soumettre l'Europe dans les négociations transatlantiques. Celles-ci sont le pendant à l'est de ce que le TPP est à l'ouest. Deux vastes zones de libre-échange, avec les États-Unis au centre, qui jouent le rôle du chef d'orchestre. Deux zones qui doivent permettre aux multinationales, notamment américaines, de trouver de nouveaux relais de croissance et de profit, dès lors que l'eldorado chinois n'est pas ce qu'elles espéraient. Dès lors qu'elles n'ont pas obtenu de mettre la main sur les matières premières de la Russie postcommuniste[1].

Chine, Russie, telles sont les deux cibles en arrière-plan de ces accords de libre-échange. Pour Moscou, l'enjeu est de taille. Si la nouvelle politique énergétique américaine se traduit par une baisse des prix, l'impact sera considérable sur les finances russes. Non seulement Gazprom risque de perdre des clients en Europe, mais une baisse des prix nui-

1. Lire à ce sujet le chapitre « L'OPA ratée sur la Russie », dans J.-M. Quatrepoint, *La Crise globale*, *op. cit.*

rait à sa politique d'investissement. La Chine est donc un partenaire tout trouvé. Les deux pays ont désormais un intérêt commun, et même un concurrent — pas encore un adversaire — commun : les États-Unis.

À l'occasion du voyage de Xi Jinping à Moscou, en mars 2013, deux très importants accords ont été signés par la société chinoise CNPC. L'un avec Gazprom prévoit de porter les livraisons de gaz russe à 38 milliards de mètres cubes par an à partir de 2018. La Russie devant devenir, à terme, le premier fournisseur de gaz devant l'Iran. L'autre, avec Rosneft, prévoit de livrer 31 millions de tonnes de pétrole par an. CNPC va prêter deux milliards de dollars à Rosneft, pour développer sa production. Par ailleurs, deux autres milliards vont être investis par la Chine dans la production de charbon en Russie.

Quelques mois plus tard, ces accords étaient complétés par une prise de participation directe de 20 % de CNPC, dans un projet d'usine de liquéfaction de gaz naturel, construite par le groupe privé russe Novatek, en plein Arctique. « Avec la Chine, il s'agit d'une nouvelle ère de coopération, s'est alors félicité Vladimir Poutine, présent lors de la signature du contrat, nous passons de relations basées uniquement sur les livraisons de matières premières, à une coopération complète dans la production et la technologie. » Comme en écho, le fonds chinois CIC a pris une participation de 12,5 % dans Uralkali, le géant russe privé de la potasse[1]. Pour la Chine, ce redéploiement vers l'ex-URSS ne se limite pas à l'énergie. Sur le plan militaire, les deux pays ont mené des manœuvres maritimes conjointes à l'été 2013 en mer du Japon. Une zone où Russes et Japonais ont des conflits territoriaux séculaires. Sur le plan commercial, il s'agit aussi de basculer une partie

1. La valorisation du portefeuille du CIC atteint 575 milliards de dollars.

des échanges de la Chine vers l'ancienne route de la soie. Afin de ne pas être trop dépendant des voies maritimes. Cette nouvelle stratégie correspond, comme on l'a vu, à la politique de relocalisation de certaines activités industrielles vers le centre du pays, pour utiliser une main-d'œuvre meilleur marché et rester compétitif pour un certain nombre de biens de consommation.

L'objectif est de relier, par le train, ces nouveaux centres de production... à l'Union européenne. Des investissements considérables sont en cours, pour moderniser les chemins de fer qui transitent par les anciennes républiques soviétiques, le Kazakhstan et la Russie. Ces liaisons ferroviaires sont surtout destinées aux exportations chinoises. D'ores et déjà, un conteneur met moins de quinze jours pour relier Chongqing, mégalopole du sud-ouest de la Chine, à Duisbourg dans la Ruhr. Par la voie maritime, il faut compter quarante-cinq jours. Le rail est, de plus, sept fois moins cher que le fret aérien. Un groupe américain, Hewlett Packard, a été le premier, en 2011, à utiliser la route de la soie pour acheminer ses ordinateurs et autres matériels informatiques vers l'Europe à partir des usines de production délocalisées dans le centre de la Chine. Les autres groupes étrangers, notamment allemands, ont suivi.

Si le gaz et le pétrole, en provenance du Kazakhstan, du Turkménistan, d'Ouzbékistan et de Russie, transitent par les gazoducs, certaines matières premières, notamment agricoles, pourront utiliser le train en sens inverse.

Les industriels allemands ont été étroitement associés à cette nouvelle stratégie. Elle leur permet d'approvisionner le marché chinois avec des délais et des coûts inférieurs, voire de réexporter vers l'Allemagne des sous-ensembles fabriqués dans le centre de la Chine. À des prix inférieurs à ceux désormais pratiqués dans les usines de la Mitteleuropa. La

Chine est plus qu'un client pour une Allemagne mercantiliste. Elle est un relais de croissance pour ses exportations. Elle est son partenaire, *a priori* incontournable, pour demain.

Pour la Chine, l'Allemagne, c'est l'Europe. Une Europe, dont elle a plus que jamais besoin car elle est devenue son premier marché devant les États-Unis. Nul doute qu'à Beijing, à défaut d'une Chinamérique devenue chimérique, on se satisferait d'une Chinallemagne.

DEUXIÈME PARTIE

Le retour de la Germanie

9

Des origines du modèle allemand

Le chiffre 13, décidément, porte chance à Angela Merkel. Non seulement cette année 2013 a vu son triomphe aux élections législatives de septembre, mais en plus elle a pu assister, dans ce temple du football qu'est le stade de Wembley, à une finale de la coupe d'Europe 100 % allemande. Angela Merkel adore l'opéra... et le football. On s'attendait, pour cette finale du 25 mai, à un choc entre les deux vaches sacrées du football européen, les deux frères ennemis espagnols, Real Madrid et Barça, tant il est vrai que, pendant une décennie, l'Espagne a dominé de la tête et des épaules les compétitions internationales. Les deux clubs sont tombés de leur piédestal face aux Allemands de Dortmund et du Bayern de Munich. Largement battus, voire humiliés, le Barça et le Real étaient à l'image de l'Espagne en crise, croulant sous ses dettes. Une Espagne qui avait joué les cigales, pendant que les Allemands, telles des fourmis, construisaient, lentement, discrètement, méthodiquement, leur retour au premier rang. En appliquant, au football, les mêmes méthodes qu'à leur économie.

Les clubs allemands sont bien gérés. Ils ont fait le ménage dans leurs comptes et n'ont pratiquement plus de dettes. Une exception dans le monde du football européen, dont la dette globale est passée en cinq ans de 600 millions à 1,7 milliard d'euros, dont 800 millions pour les seuls Real Madrid et Barça. Les clubs allemands ont misé, depuis une dizaine d'années, sur la formation, l'apprentissage. Comme les industriels. Dans ces centres, on insiste sur le sérieux, la qualité du jeu et non plus sur le seul physique. Sur les 525 joueurs qui jouent dans les 18 clubs de première division, 275 sont issus de ces centres de formation. En France aussi, il existe une tradition de formation des jeunes. Mais elle a donné lieu à des trafics d'adolescents provenant d'Afrique noire. Ces jeunes ne coûtaient rien aux clubs, qui les revendaient ensuite à l'étranger, dès qu'ils avaient une petite notoriété. Les clubs allemands, eux, plutôt que de faire de la plus-value facile, ont investi : 700 millions d'euros, en dix ans, dans les centres de formation.

Tous les joueurs de l'équipe nationale, la Mannschaft, à l'exception de trois, jouent en Allemagne. En France, c'est le contraire. Autre élément qui tranche, là aussi, avec ce que l'on a vu en Angleterre et maintenant en France : les clubs allemands ne se sont pas vendus aux milliardaires russes ou aux émirs. Ils veulent bien accueillir les sponsors, mais comme le dit sans fard Hans-Joachim Watzke, directeur général du Borussia Dortmund : « Les investisseurs ayant de l'influence ne sont pas les bienvenus. » Les clubs allemands ont des joueurs étrangers, à l'exemple de Franck Ribéry, mais ils restent largement minoritaires par rapport aux Allemands. Des joueurs qui restent fidèles à des clubs dont la gestion humaine apparaît moins chaotique que dans la plupart des autres clubs européens. Après ces succès en coupe d'Europe, qu'ils espèrent rééditer en 2014, les Allemands ont un autre grand objectif : la coupe du monde, au Brésil. Angela Merkel rêve de se retrouver, à Rio de Janeiro, pour assister au triomphe de la Mannschaft... le dimanche 13 juillet 2014.

Dans le monde du football, l'Europe avec ses anciennes dépendances d'Amérique du Sud reste largement dominante. C'est un domaine qu'Américains et Chinois ont, pour le moment, quelque peu délaissé. Les deux empires ont d'autres chats à fouetter. Pour les Européens, en revanche, le football reste le sport par excellence. Celui où l'orgueil national s'exprime le plus. Ce n'est pas un hasard si les clubs allemands dominent le football européen, comme l'Allemagne domine l'Europe. Telle est désormais la réalité. Ne nous en déplaise !

La crise, du moins la vraie crise, celle qui a commencé avec la faillite de Lehman Brothers, a servi de révélateur. Si tout le monde a souffert, souffre encore, elle a rebattu les cartes au niveau mondial. Malheur aux plus faibles, malheur à ceux qui n'ont pas su réagir, qui ont subi. Malheur à ceux qui n'ont pas une stratégie à long terme ! La Chine, on l'a vu, a une stratégie. Elle peut être ondulante. Elle peut fluctuer, mais elle s'appuie sur le couple entreprise-nation. Une nation qu'incarne, à sa manière, le parti communiste. La Chine est redevenue un empire. L'Amérique en est toujours un. Parce que quels que soient ses contradictions, ses hésitations, ses excès, elle a cette capacité de rebond, qui caractérise les pays dynamiques. Un rebond qui s'appuie sur le couple entreprise-nation. L'égoïsme de ses multinationales a failli coûter cher aux États-Unis. Depuis 2010, le balancier repart progressivement dans l'autre sens.

L'Amérique revient au centre du jeu mondial. L'Allemagne y est déjà revenue. Par la petite porte. Profitant des erreurs de ses partenaires européens. Surfant sur une conception de l'Europe élargie qui a servi ses propres intérêts. L'Allemagne de Gerhard Schröder et d'Angela Merkel, c'est le triomphe de l'économie sociale de marché. Tout comme la Chine de Deng Xiaoping et de Xi Jinping est le triomphe de l'économie socialiste de marché. Les formules sont cousines, même si sur le terrain les différences sont grandes. Mais les succès allemands sont dus, eux aussi, à la symbiose entre les entreprises et la nation. Les premières sont au service de la seconde et réciproquement. Quant aux politiques, leur rôle est de faire en sorte que l'harmonie règne, pour le bien commun. S'il y a un modèle allemand, c'est bien ce lien entre l'entreprise et la nation. Angela Merkel en est l'incarnation et la garante. Elle est, en cela, l'héritière de Bismarck.

Par le fer et par le sang

Le 18 janvier 1871, le IIe Reich est solennellement proclamé dans la galerie des glaces du château de Versailles. Les princes allemands acceptent de reconnaître le roi de Prusse, Guillaume Ier, comme leur empereur. Un homme a concouru plus que tous les autres à la renaissance de cet Empire de la nation germanique : Otto von Bismarck. C'est lui qui, en tant que président du Conseil et ministre des Affaires étrangères de Prusse, est l'artisan de l'unité allemande « par le fer et par le sang ». Par trois guerres victorieuses : contre le Danemark en 1864; contre l'Autriche défaite à Sadowa en 1866; et contre la France vaincue en 1871.

Depuis la dissolution du Saint Empire par Napoléon, au lendemain d'Austerlitz, l'Allemagne était à la recherche de son unité, et plus encore de son identité. La confédération germanique est ballottée entre deux pôles : Vienne et

Berlin ; l'Autriche et la Prusse ; le Sud et le Nord ; les catholiques et les protestants. Bismarck trouvera un chemin particulier, le Sonderweg, pour mener à bien l'unité allemande. Pas de révolution, pas d'égalitarisme, mais des réformes imposées d'en haut, par des princes éclairés. Frédéric-Guillaume IV refusa ainsi la couronne impériale que lui offrait, en 1849, l'assemblée de Francfort élue au suffrage universel, parce qu'elle était à ses yeux « déshonorée par l'odeur de charogne que lui donne la révolution[1] ». L'unité se fera donc par le haut. Les junkers prussiens gardent le pouvoir politique face à la bourgeoisie libérale. Mais, grâce à Bismarck, le pays en gestation va réussir une sorte de symbiose entre les deux, autour de l'économie.

Cette Allemagne aristocratique s'engage très tôt dans la révolution industrielle, grâce à une union douanière entre les diverses principautés : le *Zollverein*. Les dizaines de principautés qui existaient à l'époque du Saint Empire avaient pris l'habitude de commercer librement entre elles. En 1834, la Prusse organise autour d'elle une union douanière, l'Autriche restant en dehors. Le *Zollverein* est déjà une zone de libre-échange, destinée à unifier le marché intérieur, tout en harmonisant les règles fiscales et douanières. On ne parlait pas encore, à l'époque, d'harmonisation budgétaire. Le *Zollverein* est, en fait, l'ancêtre du traité de Rome. C'est lui qui va servir de ciment à l'unité allemande autour de la Prusse.

Si Bismarck a fait la guerre aux trois empereurs, ce n'est pas tant pour conquérir des territoires, que pour asseoir l'hégémonie de la Prusse au centre de l'Europe. Et déve-

1. Henry Bogdan, *Histoire de l'Allemagne. De la Germanie à nos jours*, Perrin, 2003, citée par Jean-Pierre Chevènement dans *1914-2014. L'Europe sortie de l'histoire*, Fayard, 2013.

lopper un système économique et social où les partenaires coopèrent, plutôt que de s'affronter. Bismarck est le père de la cogestion à l'allemande. Il incite les industriels à miser sur la qualité et l'exportation. Il invente la Sécurité sociale, l'assurance vieillesse pour éviter que la classe ouvrière ne cède aux sirènes des socialistes. Il réalise l'unité monétaire de l'Empire en créant le mark qui remplace, dès 1876, les autres monnaies en circulation. Un mark qui bénéficie d'une couverture or, grâce aux indemnités de guerre de la France.

Après la victoire éclair contre la France, il sut résister à la tentation d'aller trop loin. Certes, l'Allemagne récupère l'Alsace-Lorraine et encaisse un tribut de cinq milliards de francs or[1], mais Bismarck ne va pas faire du nouvel Empire une puissance maritime et coloniale. Il ne veut pas heurter de front l'Angleterre. Cela n'empêchera pas les industriels, les commerçants, les savants et géographes allemands de sillonner le monde entier. Non pour y diffuser une religion, ou y installer des colonies à la pointe du fusil et des canonnières, mais pour y vendre des marchandises. Y compris des canons. La victoire de 1871 sur l'armée française sert déjà d'argument *marketing* aux industriels de l'armement pour équiper plusieurs armées en Amérique latine.

Pour Bismarck, l'économie est une guerre qu'il n'est pas nécessaire de mener par les seules armes. Cette « économie impériale de marché », selon la belle formule de Michel

1. L'armée prussienne occupa des territoires au nord de la France jusqu'à ce que le dernier franc soit versé. La France réussit à payer cette somme en un peu plus de deux ans et, en septembre 1873, les soldats allemands quittèrent les territoires du Nord occupés. Pour le tout jeune Empire allemand, cette manne financière fut un cadeau empoisonné : l'afflux de liquidités provoqua une fièvre immobilière à Berlin. La France avait aussi dû concéder à la Prusse, pour le commerce et la navigation, la « clause de la nation la plus favorisée ». La France respecta jusqu'en 1914 l'intégralité des clauses du traité de Francfort.

Meyer[1], doit s'appuyer sur une géopolitique commerciale. Il crée un organisme d'État pour promouvoir les intérêts allemands à l'étranger. Ce tropisme exportateur va s'appuyer sur une très importante diaspora. Ce phénomène, relativement méconnu de nos jours, est pourtant une des clés pour comprendre les performances des entreprises allemandes sur le marché mondial. Les Allemands sont le troisième groupe de population d'origine aux États-Unis, derrière les Anglais et les esclaves noirs d'Afrique. En 1790, on comptait 270 000 immigrants allemands. Au XIXe siècle, le mouvement s'est accentué. Si bien qu'aujourd'hui 16,5 % des Américains déclarent avoir une origine allemande. Au Brésil, le débarquement des premiers Allemands remonte au XVIe siècle. Ce sont eux qui explorent les grands fleuves, créent les banques, les maisons de commerce. Peu à peu, ils deviennent incontournables dans un certain nombre de secteurs clés. Les diasporas allemandes essaiment partout. Elles joueront un rôle trouble au lendemain de la Seconde Guerre mondiale, en recyclant de forts contingents de criminels nazis. On estime ainsi que 8 000 « rats nazis » (dont Adolf Eichmann) se noyèrent parmi les 240 000 Argentins d'origine allemande.

Si la France ne s'est jamais remise de la défaite de 1871, et encore moins de celle de 1940, les succès de l'Allemagne d'aujourd'hui trouvent leurs racines dans l'époque bismarckienne. L'Allemagne, comme l'Angleterre de l'époque, a été la principale bénéficiaire de la première mondialisation. La seconde transformait les matières premières issues de ses colonies, organisait le commerce aux quatre coins du monde, par ses navires et ses canonnières.

1. Michel Meyer, *Le Roman de l'Allemagne, ou L'Histoire secrète d'une renaissance*, Éd. du Rocher, 2013.

La première misait déjà sur l'appétit des consommateurs pour le *made in Germany*. Paradoxalement, ce sont les Anglais qui ont fait le succès de ce label. Les industriels britanniques, s'inquiétant de la montée des importations allemandes, ont fait voter une loi, en 1887, obligeant tous les produits allemands vendus sur le sol britannique à porter le label *made in Germany*. Le but est de détourner le consommateur britannique des produits allemands, considérés comme bas de gamme. « C'est l'inverse qui va se produire, car l'Allemagne va multiplier les innovations, grâce à la formation de nombreux techniciens et ingénieurs. Du coup, elle dépose beaucoup plus de brevets que la Grande-Bretagne et le *made in Germany* devient le label des produits de qualité. À telle enseigne que des fabricants britanniques vont falsifier l'étiquette de leurs propres produits pour mieux les vendre sous le label germanique[1]. » Peu à peu, dans l'inconscient collectif des consommateurs, le *made in Germany* devient synonyme de qualité et de technicité. Déjà, il y a plus d'un siècle, l'Allemagne menait une politique de niche, délaissant les produits de consommation courante.

Le IIe Reich est alors en passe de devenir la première puissance industrielle du monde. Il a creusé le fossé avec la France. En 1910, son commerce extérieur atteint l'équivalent de 20 milliards de francs, contre 12 milliards seulement pour la France. La France investit massivement son épargne dans le monde, notamment en Russie. L'Allemagne, elle, la place dans ses entreprises. À cette époque, la Chine, même contrôlée par les Anglo-Saxons, est déjà un des partenaires privilégiés de l'Allemagne. Près d'un cinquième des mar-

1. Frédéric Lemaître, « Ne touchez pas au "*Made in Germany*" », *Le Monde*, 7 décembre 2010.

chandises qu'elle achète est *made in Germany*. Cet activisme mercantiliste va menacer la suprématie de l'empire britannique. D'autant que l'idée d'une union douanière de l'Europe centrale chemine sur le Continent, poussée par Berlin. Cette union douanière, calquée sur le *Zollverein*, engloberait toute l'Europe, dont l'Italie et les Balkans, ainsi que la France. Dès 1892, une fois Bismarck congédié, la chancellerie fait publier un livre : *Berlin, Vienne, Rome. Considérations sur le nouveau cours et le nouveau système européen*[1]. La création en Europe centrale d'une vaste zone de coprospérité attirerait, peut-on y lire, tous les petits États. Jusqu'à la France qui pourrait y souscrire. Elle barrerait la route des Balkans à la Russie.

Ce projet, qui restera dans les cartons, est un chiffon rouge à l'égard de l'Angleterre. Dès 1911, Lloyd George, alors chancelier de l'Échiquier britannique, qui se voulait pourtant pacifiste, déclare : « Si des circonstances venaient à être créées, telles que la paix ne put être sauvée que par l'abandon de la grande position de l'Angleterre [...] cette paix à tout prix constituerait une humiliation qu'un grand pays comme le nôtre ne saurait souffrir [2]. » Bismarck n'est plus là pour freiner le pangermanisme. Ce mouvement spécifique à l'Allemagne se distingue des nationalismes traditionnels. Il associe « l'exaltation nationale et le projet imprécis, quoique lancinant, de créer un empire colonial sur le sol même de l'Europe. Son idéologie irrigue le cerveau des chefs militaires de l'époque qui ont directement accès aux centres de décision, à l'empereur. Si le pangermanisme est minoritaire dans la société allemande avant 1914, son

1. Julius von Eckard, *Berlin, Wien, Rom. Betrachtungen über den neuen Kurs und die neue europäische Lage*, Leipzig, Duncker & Humblot, 1892.

2. J.-P. Chevènement, *1914-2014*, *op. cit.*

rôle dans le déclenchement de la guerre est avéré. Certes, les classes dirigeantes allemandes sont partagées en courants contraires. La grande bourgeoisie industrielle et financière raisonne déjà à l'échelle mondiale. À l'exception des grands sidérurgistes, tributaires des marchés d'armement, elle privilégie l'expansion commerciale et donc la paix. Il en va différemment de l'aristocratie foncière et militaire ou de la petite bourgeoisie, séduites par les idées pangermanistes[1] ».

L'état-major allemand veut en découdre et l'empereur, Guillaume II, est cyclothymique. Obsédé par le sentiment d'être encerclé par l'alliance franco-russe, l'état-major se prépare à la guerre qu'il considère comme inéluctable. Il développe une marine de guerre ce qui inquiète l'Angleterre. L'assassinat à Sarajevo, par un Serbe, de l'archiduc d'Autriche va servir de prétexte. Berlin fait une erreur d'appréciation, s'imaginant que l'Angleterre ne bougera pas et que l'armée allemande pourra, comme en 1871, régler son compte, en quelques semaines, à l'armée française, pour se retourner ensuite contre la Russie. Le chancelier de l'époque avait évoqué, en 1913, devant le Reichstag, « le conflit séculaire entre Slaves et Germains ».

Guillaume II, au lendemain de la défaite en novembre 1918, avouera « je n'avais pas voulu cela ». Il n'avait pas voulu que l'Angleterre entre en guerre et qu'elle dure quatre ans. Formidable et criminelle erreur d'appréciation. L'Angleterre est entrée en guerre. Elle ne pouvait pas accepter que l'Allemagne devienne la puissance mondiale dominante. Le pangermanisme heurtait ses propres intérêts industriels, commerciaux et financiers. Le même scénario se reproduira avec Hitler, qui a longtemps espéré que l'Angleterre lui laisserait les mains libres en Europe continentale.

1. *Ibid.*

Dette + chômage + austérité = Hitler

Le IIe Reich s'effondre avec la défaite. Le traité de Versailles met le pays à genoux. La République de Weimar est faible. Pendant une quinzaine d'années, le pays vit en crise permanente. Cela commence par l'hyperinflation, la fuite devant la monnaie. Avec ces billets de banque dont on change tous les jours la valeur, la baguette de pain ou le timbre atteignent des milliards de marks. Incapable de payer ses réparations à la France et à l'Angleterre, l'Allemagne va faire défaut. En 1924, le banquier Schacht, président de la Reichsbank, obtient des États-Unis une sorte de moratoire, un étalement des dettes et de nouveaux prêts. Il fait valoir que, face à l'URSS et aux bolcheviks qui font trembler toutes les capitales, il est de l'intérêt des Anglo-Saxons que son pays joue le rôle de rempart contre le bolchevisme.

En outre, les Américains ne souhaitent pas que la France et son empire colonial ne redeviennent trop puissants. Cet ostracisme à l'égard de la France perdurera pendant des décennies et culminera pendant la Seconde Guerre mondiale. Roosevelt n'étant pas loin de considérer le général de Gaulle comme un factieux.

C'est en réalité le *big business* américain qui va mettre en place un système viable permettant à l'Allemagne de payer les réparations sans compromettre sa stabilité financière. Owen Young, président de General Electric, pilote la commission Dawes, chargée d'élaborer ce système. GE a, par ailleurs, des liens très étroits avec le groupe allemand AEG. Ils sont cofondateurs du grand cartel de matériel électrique qui, de 1919 aux années 1980, fit la pluie et le beau temps sur le marché mondial des matériels électriques. JPMorgan mobilise Wall Street et montre l'exemple en faisant un prêt initial de 100 millions de dollars à l'Allemagne.

Cette mobilisation du capital américain fut telle que, de 1925 à la fin de 1928, l'Allemagne put payer ses réparations sans avoir besoin d'un excédent de sa balance commerciale. Français et Britanniques pouvaient ainsi payer leurs dettes... aux États-Unis. « Ce manège par lequel les Allemands empruntaient aux Américains, pour payer les Britanniques et les Français, qui payaient ensuite les Américains, suscita des inquiétudes de tous côtés. Il n'en servait pas moins sa fin : le congrès américain tenait au remboursement le plus complet possible des crédits interalliés ; les nouveaux prêteurs américains à l'Allemagne empochaient de jolis profits ; et la République de Weimar jouissait d'un niveau de vie nettement plus élevé que si elle avait été contrainte de payer les réparations par un excédent d'exportation[1]. » Avec cette manne américaine, Schacht réussit à stabiliser les finances du pays et les affaires reprennent cahin-caha.

C'est l'époque où Berlin revit et retrouve une place éminente dans le monde culturel. La capitale allemande attire artistes et créateurs. Ce sont les débuts du Bauhaus, de la modernité. Las ! La crise de 1929, dont la responsabilité incombe à la finance américaine, va casser la fragile reprise. L'Allemagne se retrouve prise à contre-pied, avec un montant de dettes qu'elle se révèle incapable de rembourser. Non seulement il y a les dettes au titre des réparations, mais aussi les dettes privées, accumulées depuis 1924,

1. Adam Tooze, *Le Salaire de la destruction. Formation et ruine de l'économie nazie*, trad. P.-E. Dauzat, Les Belles Lettres, 2012.

qui avaient permis le redémarrage de son économie. L'endettement total atteint 100 % du PIB avec un maximum de dettes court-moyen terme libellées en devises. Pour honorer ses engagements, l'Allemagne ne peut compter sur aucun actif à l'étranger qu'elle aurait pu céder. Dès lors, elle n'a pas d'autres solutions que le défaut de paiement. Le chancelier Brüning, qui remplace les sociaux-démocrates, doit en plus faire face, en 1930, à la faillite de la grande banque autrichienne, Creditanstalt. Il mène une politique de rigueur budgétaire draconienne. Les chômeurs se comptent par millions. La fuite des capitaux s'accélère. Le système financier international s'effondre. La livre sterling perd 20 % de sa valeur. Les usines ferment. Les faillites succèdent aux faillites et l'État allemand en vient à nationaliser toutes les grandes banques. La politique d'austérité plonge le pays dans la déflation. Dans les villes allemandes, nazis et communistes s'affrontent. Schacht rallie alors Hitler créant un électrochoc dans les milieux d'affaires.

Dans une Europe en débâcle, toutes les conditions sont réunies pour l'arrivée au pouvoir de Hitler et de son parti. C'est chose faite le 30 janvier 1933. Contrairement à ce que l'on a souvent écrit, ce n'est pas l'hyperinflation qui a amené Hitler au pouvoir, mais la déflation, le chômage de masse (six millions de chômeurs en 1933) et un endettement excessif.

Une situation qui n'est pas sans rappeler, toutes proportions gardées, celle que connaissent aujourd'hui certains pays d'Europe du Sud. Cet épisode tragique explique aussi cette aversion, dans la mémoire collective allemande, pour un endettement excessif. Et la crainte d'être confronté à des défauts de paiement de la part des débiteurs. L'Allemagne sait ce dont il s'agit, puisque de tous les grands pays, elle fut, au cours du siècle dernier, le seul, avec l'URSS, à ne pas honorer ses dettes.

Après son arrivée au pouvoir, la première décision de Hitler fut de suspendre le paiement des réparations et le remboursement des dettes. Comble de l'ironie, c'est Schacht, nommé par Hitler ministre des Finances, qui allait être chargé de mettre en place le moratoire. D'abord partiel, puis total[1]. Le pays se referme peu à peu sur lui-même. La part du commerce extérieur dans son PIB diminue de moitié. Les Allemands ne sont plus une machine à exporter, mais les industriels, la grande industrie, les Krupp, Thyssen, IG Farben, Siemens, AEG, font contre mauvaise fortune bon cœur. En échange de leur soutien à Hitler, ils vont être les principaux bénéficiaires du redressement de l'Allemagne, grâce à une envolée des dépenses d'armement.

Au début du nazisme, l'augmentation des crédits de la Reichswehr est masquée, afin de ne pas susciter de mesures de rétorsion de la France et de l'Angleterre. Schacht élabore un système complexe et opaque à travers lequel les groupes industriels allemands financent l'État, pour qu'il leur passe des commandes d'armement. Officiellement, le budget de la défense reste au début relativement modeste. En réalité, en juin 1933, un programme de 35 milliards de Reichsmarks sur huit ans est lancé. C'est presque une année de PIB ! Les dépenses militaires réelles vont atteindre 51 % du budget en 1935, pour monter à plus de 70 % par la suite. Parallèlement, le grand programme d'autoroutes génère une activité importante pour les entreprises de BTP. Volkswagen est créé. Hitler a découvert que l'industrie

1. La Suisse et la Hollande furent traitées différemment. L'Allemagne, en ayant besoin pour se procurer des devises, signa avec eux des accords de compensation.

automobile occupe une place prépondérante dans l'économie américaine, en s'appuyant sur un vaste marché intérieur. Des autoroutes, des petites voitures du peuple et du travail pour tous les Allemands. En réalité, ces autoroutes doivent servir à la circulation rapide des convois militaires et, derrière les Coccinelle, il y a la mécanisation de l'armée allemande. La suite est connue.

Le nazisme est en rupture totale avec ce qui avait fait la force et la grandeur de l'Allemagne au XIXe siècle. Pourtant, Hitler va subjuguer une grande majorité de la population. À commencer par la grande industrie. La population, épuisée par les années d'hyperinflation puis de déflation, lassée des batailles de rue entre l'extrême gauche et l'extrême droite, humiliée par la défaite de 1918, se rallie elle aussi à l'ordre nouveau. La vie, c'est terrible à dire, va redevenir avec Hitler, pour l'Allemand moyen, « normale ». Les communistes, puis les opposants sont arrêtés, déportés. Les juifs vont être dépouillés, pourchassés, anéantis. L'Allemand moyen ferme les yeux. L'industriel sert le pouvoir. Un pouvoir qui rêve de reconstituer le Saint Empire, en plus vaste. De Paris à Moscou. Avec des alliés : Mussolini, Franco, Horthy en Hongrie. Le IIIe Reich s'étend démesurément.

Pour financer l'effort de guerre et faire tourner les usines, l'Allemagne se paie sur la bête. Le traitement réservé à la France est, à cet égard, révélateur. Le négociateur allemand à la commission d'armistice exige une indemnité quotidienne en francs à verser par l'État français, à compter du 25 juin 1940, sur le compte des Reichskreditkassen ouvert à la Banque de France. Cette somme équivalait au budget de la France. Officiellement, c'était pour payer l'entretien des troupes d'occupation. En fait, il s'agissait de financer l'effort de guerre allemand. Une partie de cet argent sera d'ailleurs réinjectée dans l'économie française.

S'ils pillaient le charbon, le fer, les denrées agricoles de base et les œuvres d'art, les Allemands payaient fort bien les marchandises normales, les objets de luxe et les travaux. Notamment la construction du mur de l'Atlantique. C'est ainsi que le marché noir se mit à prospérer et que certains entrepreneurs français firent fortune.

Pour remplacer les ouvriers et ingénieurs mobilisés, les Allemands vont attirer la main-d'œuvre des zones occupées. Les engagements volontaires pour travailler en Allemagne se faisant rares, on passe ensuite au service du travail obligatoire (STO). Cette vaste politique d'immigration forcée, avec des millions d'hommes déplacés, esclavagisés, permit aux Allemands de faire tourner leurs usines pratiquement jusqu'au bout. Enterrées, les lignes de production de tanks, de camions, de canons produisaient encore en avril 1945 ! Alors que l'Armée rouge était aux portes de Berlin et que les Américains avaient passé le Rhin.

Hitler avait prophétisé, en 1933, que le IIIe Reich durerait mille ans. Douze ans plus tard, le Führer et ses fidèles, dans leur délire apocalyptique aux accents wagnériens, tentent de convaincre leurs dernières troupes que l'effondrement du Reich sera synonyme de la disparition de l'Allemagne. Effectivement chez les Alliés beaucoup veulent faire disparaître l'Allemagne en tant qu'État. À commencer par Roosevelt et son secrétaire au Trésor Henry Morgenthau. Ils veulent détruire, une fois pour toutes, la puissance industrielle allemande et condamner le pays à la pastoralisation. Projet qui ressemble à ce que Hitler voulait faire de la France : une réserve agricole, zone de repos du guerrier allemand. Il y a, derrière cet objectif, une volonté de *punishment*. Le monde vient de découvrir avec horreur les camps d'extermination. Mais il y a aussi, en filigrane, chez certains Anglo-Saxons, l'idée d'éliminer un concurrent industriel et commercial. Les alliés vont donc piller ce qui reste des infrastructures industrielles. On se paie là aussi « sur la bête ». On déménage des usines et leurs équipements. On récupère les savants et les ingénieurs. Les Soviétiques furent les plus rapaces. Au moins 30 % du capital industriel de leur zone d'occupation fut démonté, transféré en URSS. En outre, la RDA dut payer les frais d'occupation et de réparations qui représentaient 13 % de son revenu national. À l'ouest, on organisa le rationnement de la population, « un peu de froid et de faim étant nécessaires pour que les Allemands mesurent les conséquences de ce qu'ils avaient causé[1] ».

L'Allemagne est un champ de ruines. Plus du tiers des jeunes Allemands, nés entre 1915 et 1924, sont morts ou disparus. Il y a onze millions de prisonniers. Quatorze millions de personnes d'origine allemande refluent vers l'ouest, chassées d'Europe centrale et orientale par une population slave, qui leur faisait payer là les atrocités commises par les nazis.

Non seulement le Reich n'a pas duré mille ans, mais son effondrement n'a pas été synonyme de la disparition de l'Allemagne. Il n'a pas fallu dix ans pour que la République fédérale d'Allemagne retrouve le chemin de la prospérité. Grâce, paradoxalement, aux Soviétiques et aux Américains. Comme en 1924, la peur des bolcheviks conduit les États-Unis à relâcher la pression et à favoriser le redressement du pays. Les deux empires, américain et soviétique, sont engagés dans un bras de fer. Le blocus de Berlin par Moscou sert de révélateur. Pour les Américains, comme en 1924, l'Allemagne de l'Ouest occupe une position clé en Europe. Tout doit être fait pour qu'elle ne bascule pas

1. Général Lucius D. Clay, bras droit d'Eisenhower, juin 1945.

dans le camp communiste et devienne, au contraire, la vitrine des démocraties occidentales face aux démocraties populaires du bloc d'en face.

Les clés du premier miracle

Le développement de la guerre froide sera la chance de l'Allemagne fédérale. Les Américains sont bien décidés à redresser le pays face à l'ogre soviétique. Le plan de Morgenthau est remplacé par celui de George Marshall, l'« European Recovery Program ». Officiellement, il s'agit d'aider des pays européens dans leur reconstruction. Le plan Marshall est même proposé aux Soviétiques qui, bien évidemment, refusent et mettent en place leur propre organisation dans leur sphère d'influence. Les Occidentaux décident la création de la RFA, qui sera effective en 1949. Auparavant Ludwig Erhard, qui doit devenir le prochain ministre de l'Économie de la RFA, lance une réforme monétaire fondamentale. Avec l'appui total des Américains.

Ludwig Erhard est un tenant de l'ordolibéralisme. Ce fils de drapier, grièvement blessé lors de la Première Guerre mondiale, fait des études d'économie et il rencontre Wilhem Röpke, un des principaux économistes de l'école ordolibérale[1] de Fribourg. Ludwig Erhard, et les économistes ordolibéraux n'ont pas adhéré aux idéaux du national-socialisme. Bien au contraire. Ils n'en étaient pas pour autant des résistants actifs. Leurs relations, notamment celle de Ludwig Erhard avec la grande industrie, les mettaient à l'abri des persécutions. Ils vécurent donc tant bien que mal dans l'Allemagne nazie. En 1945, les

1. Du nom de la revue *Ordo*, qui diffusait leurs articles et leur doctrine.

Américains, qui cherchent des personnalités pour remettre en route le pays, se tournent vers Ludwig Erhard et ses amis. Ils vont mettre en œuvre cette économie sociale de marché, dont Bismarck avait jeté les fondations.

L'école de Fribourg s'appuie sur une conviction éthique, voire religieuse. La morale kantienne en est le soubassement. L'homme n'est pas au service exclusif de lui-même, mais aussi des autres et de la communauté. « Enfant de Dieu, créé à son image, l'homme doit être profondément libre, libre de créer, libre d'entreprendre, libre de choisir ses clients, libre de choisir les produits qu'il consomme. Enfant de Dieu, il doit aussi utiliser cette liberté au service du bien commun[1]. » Cette économie sociale de marché se veut donc une troisième voie, entre le libéralisme pur anglo-saxon, qui exalte l'individualisme et fait confiance à la main invisible du marché, et le communisme qui nie l'économie de marché et la propriété privée.

Instruits par l'expérience de la crise de 1929 et du nazisme, les ordolibéraux vont construire une nouvelle doctrine, à partir de quelques grands principes. Il faut une monnaie stable, qui ne puisse pas être manipulée par les autorités politiques. Elle doit donc être gérée par une banque centrale indépendante. Ce sera la Bundesbank (« Buba »). La concurrence doit être régulée par une autorité qui veille à interdire les ententes qui faussent le marché et découragent l'innovation. Ce sera le Bundeskartellamt. La propriété privée est essentielle au dynamisme économique, mais elle doit contribuer au bien de la collectivité. Ce sera l'article 14 de la loi fondamentale de la RFA. L'entreprise a une res-

1. La *Cité humaine* de Röpke, cité par Bernard de Montferrand et Jean-Louis Thiériot, dans *France-Allemagne : l'heure de vérité. Le choc des modèles*, Tallandier, 2011.

ponsabilité vis-à-vis du bien-être de ses salariés et de la formation professionnelle. Ce sera la cogestion. Le nouvel État fédéral sera construit selon le principe de subsidiarité, c'est-à-dire que la compétence appartient en premier lieu aux Länder et aux communes. Celle de l'État fédéral étant strictement définie et encadrée. La Cour constitutionnelle de Karlsruhe est là pour veiller au respect de ces principes.

Le premier acte de Ludwig Erhard consistera en une manipulation monétaire, que l'on a oubliée. Elle fut pourtant essentielle. Elle sera réalisée avec l'appui logistique des Américains. Georges Valance a raconté cet épisode dans un ouvrage prophétique écrit au lendemain de la réunification[1]. Ce fut l'opération Bird Dog. Vingt-trois mille caisses de nouveaux billets de banque, imprimés dans le plus grand secret aux États-Unis, arrivent dans le port de Brême. Transportés par trains spéciaux, ils vont être répartis dans les banques des Länder. Le vendredi 18 juin, les Allemands apprennent par la radio que le dimanche 20, ils vont devoir échanger tous leurs Reichsmarks contre les nouveaux billets baptisés « Deutsche Mark ».

Chaque Allemand ne peut échanger que 40 RM contre 40 DM. Au-delà, l'échange se fait sur la base de un pour dix. Tout l'argent liquide, notamment celui du marché noir, s'évapore. Pire : les emprunts d'État, les comptes d'épargne et de dépôts sont dévalués dans les mêmes proportions. Les épargnants, les ménages sont ruinés. Pour la seconde fois en un quart de siècle, puisqu'une telle thérapie de choc avait déjà été utilisée en 1923, pour juguler l'hyperinflation[2].

1. Georges Valance, *France-Allemagne. Le retour de Bismarck*, Flammarion, 1990.

2. Les conseillers américains de Boris Eltsine appliqueront la même thérapie de choc en Russie, avec l'opération des bons de privatisation. L'épargne russe fut massivement spoliée, au profit des entreprises et des oligarques. Au

L'injustice sociale de cette réforme est flagrante. Car s'il y a des perdants, les ménages, il y a aussi des gagnants. Tous ceux qui détiennent des biens réels et productifs, des biens immobiliers, lorsqu'ils n'ont pas été détruits et surtout des usines, des entreprises. Ces actifs n'ont pas été dépréciés. Leur valeur en Reichsmarks étant transformée mécaniquement en Deutsche Mark. Les entreprises vont pouvoir vendre désormais en Deutsche Mark. Les capitaux injectés dans le cadre du plan Marshall vont, en plus, mettre de l'huile dans les rouages[1]. L'outil de production allemand va immédiatement répondre. Et ce pour trois raisons. D'abord, il a finalement été relativement préservé, notamment, dans le sud de l'Allemagne. Les alliés préféraient effectuer des bombardements massifs à l'aveugle sur les populations et les voies de communication, plutôt que de viser spécifiquement les usines. C'est ainsi que le bombardement de Dresde fit deux cent mille morts : autant qu'Hiroshima.

L'industrie allemande au lendemain de la guerre est technologiquement bien plus avancée qu'avant le déclenchement des hostilités. Elle est à la pointe de l'innovation dans bien des domaines. Selon l'économiste allemand Werner Abelshauser, « la substance de l'appareil de production n'était pas atteinte de manière décisive, l'économie allemande de 1945 avait un stock de capital productif remarquablement important et moderne ». Ensuite, l'exode des quatorze millions d'Allemands qui fuient le communisme offre aux entreprises une réserve de main-d'œuvre souvent hautement qualifiée. Enfin, l'industrie va récupérer

---

début des années 2000, l'Argentine désindexa brutalement sa monnaie du dollar, faisant perdre aux déposants 90 % de la valeur de leur épargne.

1. L'Allemagne ne récupérera que 20 milliards sur les 171 milliards de dollars du plan Marshall. Moins que la France (45 milliards) et que l'Angleterre (38 milliards).

quelques-unes de ses grandes figures, pourtant compromises avec le nazisme. Là encore, c'est la guerre froide qui facilite l'absolution et la récupération des élites industrielles, dont certaines avaient failli être exécutées. L'OSS, ancêtre de la CIA, recycle les agents de l'Abwehr et de la Gestapo. La Nasa récupère les savants et les pères des V2. L'industrie allemande, elle, retrouve les héritiers des grandes familles, qui vont reconstituer Deutschland AG, qui est à l'Allemagne ce que America Inc est aux États-Unis. Michel Meyer, dans *Le Roman de l'Allemagne*, raconte par le menu comment les maîtres des forges, les Krupp, les Thyssen, Otto Wolf sont revenus à la tête de leurs empires. De cette époque date l'étroite imbrication entre le monde de l'entreprise et la classe politique. Le tout sous l'œil bienveillant de l'Oncle Sam.

Pas de réparations de guerre sauf...

L'Amérique va donner un autre coup de pouce à la toute jeune Allemagne fédérale. En excluant toute réparation au titre des dommages de guerre et en accordant de sérieuses remises sur les dettes passées. Les réparations au titre de la Première Guerre mondiale avaient été fixées à 132 milliards de marks-or, payables par annuités. De moratoire en moratoire, les paiements ont été plusieurs fois suspendus. Finalement, en juillet 1932, juste avant l'arrivée de Hitler, les alliés décident d'effacer ce qui reste d'indemnités. Au total, l'Allemagne n'aura versé que 23 milliards, soit 17 % du montant initialement prévu. Hitler, lui, va suspendre le paiement des dettes internationales accumulées au fil des ans. Seuls les pays neutres récupéreront un peu d'argent en échange d'achats de produits allemands.

Au lendemain de 1945, l'Allemagne, qui n'a pas d'État, est bien incapable de rembourser quoi que ce soit. Pour ne pas répéter l'erreur du traité de Versailles, les Américains imposent aux Occidentaux et à tous les peuples qui ont eu à subir l'occupation de ne pas demander de réparations. En 1949, la toute jeune RFA n'a donc pas d'indemnités de guerre à verser. Sauf à la communauté juive. Konrad Adenauer ouvre la porte à une négociation, lors d'un célèbre discours, le 27 septembre 1951, autour du thème « *Wiedergutmachung* », littéralement « refaire le bien ». Les négociations seront tripartites : l'Allemagne face à Israël et une entité créée pour la circonstance, la Conference on Jewish Material Claims Against Germany, qui représente l'ensemble des organisations juives de la diaspora. Le tout sous la houlette du président du Congrès juif mondial, Nahum Goldmann, en liaison étroite avec David Ben Gourion.

Un accord est signé au Luxembourg, en 1952. Il prévoit trois lois d'indemnisation. La plus importante concerne les réparations versées aux rescapés et aux ayants droit des victimes de la Shoah, ainsi qu'à tous les juifs qui auront eu à souffrir des persécutions du IIIe Reich. Cette loi d'indemnisation a été étendue à l'Autriche. Au total, on estimait, à la fin du siècle, que 100 milliards de marks avaient été ainsi versés aux rescapés et aux ayants droit, sous forme de rentes mensuelles (d'une valeur actuelle d'environ 1 500 euros). De nouveaux accords ayant été signés pratiquement chaque année, le total des indemnisations atteindrait désormais 65 milliards d'euros, soit 130 milliards de marks. À cela s'ajoutent les sommes directement versées à Israël. Cela a commencé par un don sous forme de marchandises de 3 milliards de dollars étalés sur onze ans, à partir de 1952. La formule a été reprise ensuite régulièrement, l'Allemagne payant notamment à Israël l'achat de matériels militaires, si possible *made in Germany*. C'est ainsi qu'elle a donné deux sous-marins, financé la moitié de la construction de trois autres. Un accord sur un sixième sous-marin qui pourrait être équipé d'ogives nucléaires a été signé en 2012. Le budget allemand en finance le tiers. Au total, on estime à 40 milliards de dollars les « réparations » versées ainsi directement à l'État d'Israël par l'État allemand.

Parallèlement à la négociation avec la communauté juive, Adenauer, conseillé par le banquier Hermann Abs, accepte de reprendre la responsabilité des dettes non remboursées d'avant-guerre. Des négociations s'engagent et aboutissent, le 27 février 1953, à l'accord de Londres. Cet accord, guerre froide aidant, est finalement très favorable à l'Allemagne. La clause or est supprimée. Les taux versés sont sensiblement réduits. Le paiement se fera en dollars à sa valeur de 1952. Toutes modifications qui allègent, au total, la facture de plus de 50 %. On accorde un moratoire de cinq ans et un délai de trente ans pour rembourser. Une clause de développement autorisant le pays à ne pas consacrer au service de la dette plus d'un vingtième de ses produits d'exportation est même introduite. Les pays du sud de la zone euro auraient aimé bénéficier en 2012 d'une telle clause !

La RFA avait cependant refusé de payer les intérêts courus entre 1945 et 1952. Si elle acceptait d'être l'héritière du Reich, elle voulait que la RDA prenne sa part du paiement des intérêts. Une clause va donc spécifier que le paiement des intérêts concernés s'effectuerait « à la réunification de l'Allemagne ». Des certificats au porteur sont émis dans le cas, invraisemblable alors, où l'Allemagne retrouverait son unité. La RFA va scrupuleusement respecter les accords de Londres qui, la hausse du mark et les excédents commerciaux aidant, ne va pas représenter grand-chose (quelques centaines de millions de marks par an). En 1983, les derniers emprunts sont remboursés. Lorsque la réunification a lieu, en 1990, les certificats représentant les huit années d'intérêts non versés seront transformés en titres portant intérêt à 3 %. Le dernier remboursement interviendra en octobre 2010.

Les conditions très avantageuses consenties à l'Allemagne après la Seconde Guerre mondiale n'avaient pas fait débat en Europe pendant plusieurs décennies. D'une part, peu de gens étaient au courant des détails, d'autre part, les opinions publiques acceptaient l'idée selon laquelle il ne fallait pas répéter les erreurs du traité de Versailles. La construction de l'Europe méritait bien que l'on passe l'éponge. Avec la crise de l'euro, le débat a ressurgi... en Grèce. Face aux exigences de Berlin et aux attaques virulentes des médias allemands contre une population grecque accusée de fraude et de fainéantise, le gouvernement d'Athènes a ressorti la question des réparations allemandes.

Un document de quatre-vingts pages a été constitué et remis à la Cour suprême grecque, en vue d'introduire une action en réparations. Selon certains calculs, Athènes pourrait réclamer à l'Allemagne 162 milliards d'euros : 108 milliards pour les destructions d'infrastructures et les pertes humaines ; 54 milliards pour rembourser les sommes que les nazis avaient directement prélevées sur l'économie grecque. Les Allemands avaient notamment pillé les réserves d'or de la Banque de Grèce et un certain nombre d'œuvres d'art. À cela s'ajoute le remboursement d'un emprunt forcé que les nazis avaient imposé pendant quatre ans à la population grecque. Emprunt jamais remboursé. Un certain nombre de rescapés et de descendants des victimes[1] se sont regroupés en association, le Conseil national pour les réparations, afin d'engager des demandes de réparations. Leurs avocats chiffrent, eux, à 500 milliards d'euros le montant total des préjudices.

Pour le moment, l'Allemagne fait, bien évidemment, la sourde oreille. Wolfgang Schäuble, ministre des Finances d'Angela Merkel, considère ces demandes comme irresponsables, affirmant que l'Allemagne ne paierait jamais un sou. Reste que ces demandes de réparations sont devenues un moyen pour Athènes de faire baisser la pression de ses créanciers, au premier rang desquels, l'Allemagne. « Si vous continuez à vouloir nous imposer une politique draconienne de rigueur, disent en substance les Grecs, que la population ne peut plus supporter, nous ressortirons, au niveau international, cette affaire de réparations non payées et de dettes non remboursées. »

L'exportaion, credo de la nouvelle Allemagne

La nouvelle Allemagne fédérale va, au nom de l'ordolibéralisme, prendre le contre-pied de la politique de Hitler. Pas d'État centralisé, mais des Länder aux pouvoirs élargis. Le choix de Bonn, petite ville provinciale comme capitale, est à cet égard symbolique. Une monnaie forte, sous l'égide d'une Bundesbank indépendante, et non une monnaie que l'État imprime à sa guise. Une économie tournée vers l'exportation, comme avant la Première Guerre, et non vers les seuls besoins du marché intérieur. Une alliance — la cogestion — entre le patronat et le syndicat, l'État se trouvant en arrière

1. L'armée allemande s'est livrée, comme en France, à des atrocités dans des villages accusés d'abriter des résistants. La Grèce a eu plusieurs Oradour-sur-Glane. À Amiras, quatre cents habitants ont été exécutés et brûlés.

de la main. Avec un chancelier qui est plus un animateur et un arbitre qu'un Führer. Enfin, une politique peu favorable à la natalité, à la différence de Hitler qui voulait que chaque femme allemande ait quatre enfants.

Pendant une trentaine d'années, le pouvoir au sein de la Bundesrepublik va se répartir entre l'appareil de production, la Buba, les Länder. Les vrais débats s'organisent entre ces différents acteurs, notamment au sein du conseil de surveillance des entreprises, où les syndicats sont présents. Les deux grands partis, la CDU, proche du patronat, et le SPD, proche du syndicat DGB, sont là pour mettre en musique les décisions et les consensus définis ailleurs. Cette nouvelle Allemagne n'a plus, par la force des choses, d'ambitions internationales sur le plan politique. D'ailleurs, elle n'y tient pas. Ce qui reste des élites allemandes a compris que le pays doit se faire discret. Toute leur énergie est concentrée sur l'économie, la reconstruction, la reconquête des parts de marché mondiales.

Le projet géopolitique du pays va se confondre avec la géostratégie des grands groupes. L'intérêt de ces derniers est de pousser à la création de la CECA, puis du Marché commun. Cela correspond au désir du protecteur américain et reprend les idées d'union douanière d'avant 1914, inspirées elles-mêmes du *Zollverein*. Menacée à l'Est par les Soviétiques, culpabilisée par sa période nazie, la RFA trouve dans le projet européen le moyen de se refaire une virginité, de revenir dans le concert des nations. L'Europe est le seul nationalisme qu'elle peut se permettre.

L'histoire de l'Union européenne s'incarne alors à travers le couple franco-allemand. Konrad Adenauer et le général de Gaulle, qui se méfiaient au départ l'un de l'autre, vont se rapprocher spectaculairement, l'un comme l'autre ayant été quelque peu déçus par les Anglo-Saxons. Le Général utilise le dynamisme allemand et les capacités financières que le nouvel État a reconstitués pour lancer de grands projets, qui doivent être autant de symboles des ambitions européennes face aux Américains et aux Soviétiques. De la CECA, on est passé à l'Euratom. On crée Airbus, Arianespace, Unidata, qui est un plan Calcul européen. Pour la France gaulliste, ces grands projets sont le moyen de conserver une souveraineté économique, technologique, politique par rapport aux États-Unis. Pour l'Allemagne, c'est le moyen de récupérer une respectabilité et de revenir dans des domaines d'activité, notamment l'aéronautique et l'espace, dont la défaite les avait exclus. L'Allemagne, qui n'a pas alors d'ambitions politiques internationales, se met dans le sillage de la France, pour le compte de ses grands groupes industriels. Elle paie pour cela en finançant largement ces grands programmes. Chacun y trouve son compte.

Quand la France perd la guerre monétaire

Pendant quelques décennies, l'Europe est gérée par un condominium franco-allemand. À parité. Une première divergence de taille apparaît après l'élection de François Mitterrand. Valéry Giscard d'Estaing et Helmut Schmidt avaient créé, en 1979, le Système monétaire européen (SME). L'objectif était d'introduire un minimum de stabilité entre les monnaies européennes. L'abandon unilatéral le 15 août 1971 de la convertibilité dollar-or, et le second choc pétrolier entraînent des mouvements erratiques des monnaies. Le franc avait été plusieurs fois attaqué et dévalué. Les deux chefs d'État avaient alors estimé que ces désordres monétaires remettaient en cause l'idée même du Marché commun. Dans le plus grand secret, ils élaborent un SME, qui se veut aussi, en filigrane, une arme contre l'hégémonie du dollar. Chacun des membres du SME doit accepter de perdre, *de facto*, sa souveraineté monétaire. Les parités entre les monnaies européennes, entre le franc et le mark, sont désormais fixes, même si elles sont révisables.

À l'époque déjà, les Français n'avaient pas bien compris que le mode de fonctionnement de l'économie allemande était très exactement l'inverse du leur. La France a financé la croissance du pouvoir d'achat et la généralisation de sa protection sociale par des dévaluations compétitives successives. L'Allemagne, elle, l'a fait par des réévaluations successives. Cette divergence s'explique par le modèle d'économie de bazar, avec lequel la RFA a renoué. Ses entreprises ont utilisé la RDA comme zone de sous-traitance. Le traité de Rome ne reconnaissant pas la coupure de l'Allemagne en deux, les produits et sous-ensembles, notamment les petits moteurs électriques ou les boîtes de vitesses, fabriqués à l'Est pouvaient entrer à l'Ouest hors droits de douane.

Le rideau de fer était pour les hommes, pas pour les marchandises. Chaque fois que le mark réévaluait, les coûts de ses importations diminuaient. Idem pour les importations de gaz et de pétrole. Ces gains permettaient aux entreprises de supporter le coût de la réévaluation sur les marchés extérieurs. Par ailleurs, l'État fédéral a beaucoup moins de dépenses contraintes que la France. Un budget de la défense minime. Pas de DOM-TOM. Peu d'aide au développement. Une politique familiale qui pèse très peu sur le budget et une faible natalité qui accroît mécaniquement le pouvoir d'achat des ménages. Tout cela explique aussi la divergence entre les économies des deux pays et l'évolution, en sens inverse, de leurs monnaies à l'intérieur du SME, « qui va fonctionner comme un système de subvention à l'industrie allemande », selon la formule d'Otto von Lambsdorff, qui fut ministre de l'Économie pendant plus de dix ans. Tout changement de parité au sein du SME implique une longue négociation, un marchandage, dans lequel le demandeur est en position de faiblesse. Sauf à menacer de « casser la baraque », c'est-à-dire de sortir du SME.

L'élection de François Mitterrand et l'arrivée d'un nouveau gouvernement de gauche, avec la participation de communistes, changent le rapport de forces au sein du SME. Le programme commun, avec ses mesures sociales, de la retraite à soixante ans à la hausse du Smic, affaiblit la compétitivité de l'« entreprise France ». Au moment même où l'Amérique de Ronald Reagan change brutalement de politique monétaire, et fait remonter le dollar, à coups de hausse des taux d'intérêt. La facture énergétique de la France s'envole et creuse son déficit extérieur[1]. L'Allemagne souffre, elle aussi, mais moins, grâce à son parc de centrales à charbon.

Les attaques contre le franc s'accélèrent logiquement au lendemain de la victoire de la gauche. Plusieurs dirigeants socialistes — de Jean-Pierre Chevènement à Michel Rocard — pressent alors François Mitterrand et Pierre Mauroy de dévaluer. Le jour même de l'intronisation de François Mitterrand, Michel Rocard prend Pierre Mauroy à part : « Pierre, tu dois dévaluer tout de suite, car dans quarante-huit heures on ne pourra plus dire que c'est la faute des autres. Il faut solder la gestion de nos prédécesseurs et apurer nos 7 % à 8 % d'écart avec le mark. Et, en plus, nous devrions prendre une marge. Il faut dévaluer de

1. Le programme nucléaire décidé sous Giscard n'est pas encore opérationnel. Les centrales entreront peu à peu en service dans les années 1980 et 1990, allégeant la facture énergétique.

15 %, sans sortir du SME, sauf si nos partenaires ne nous en laissent pas le choix[1]. »

François Mitterrand commet la même erreur que Léon Blum en 1936. Il se refuse à dévaluer. Il y sera contraint, trois fois de suite, en deux ans. Entre 1981 et 1983, la France perd la guerre monétaire face à l'Allemagne. Au total, le franc décrochera, par rapport au mark et au florin, de près de 30 %. Chaque fois, les négociateurs français tenteront d'obtenir un réaménagement plus important. Ils se heurteront aux refus de l'Allemagne et du Benelux qui accorderont juste de quoi maintenir la tête hors de l'eau à l'économie française. Mais surtout pas de quoi lui redonner un véritable avantage compétitif[2]. C'est de bonne guerre... monétaire.

Cette Allemagne des années 1980 est déjà le numéro un mondial, avec le Japon, à l'exportation. Elle a des excédents commerciaux sur tous les grands pays industriels. Elle est devenue l'usine du monde. Ou plutôt, l'usine des usines du monde. Premier exportateur mondial de produits chimiques, avec les trois firmes héritières de IG Farben : Hoechst, Bayer et BASF. Autre point fort : la mécanique au sens large, les machines. Elle équipe près de la moitié des mines du monde ; 40 % des imprimeries ; 38 % des machines dans l'industrie du caoutchouc et du plastique. Le tiers des équipements dans la sidérurgie sont *made in Germany* ; 30 % des machines outils. Seul le Japon, qui a la même stratégie, fait jeu égal. On l'a oublié, mais dans les années 1980 l'Allemagne occupait déjà une position dominante dans les biens d'équipement, comme dans les années 2000. Ce posi-

1. Pierre Favier et Michel Martin-Roland, *La Décennie Mitterrand*, Éd. du Seuil, 1990.

2. Lire sur ce sujet Jean-Michel Quatrepoint, « Le tournant de la rigueur : mars 1983-mars 2013 », *Le Débat*, n° 174, mars-avril 2013.

tionnement haut de gamme, ces multiples niches rendent l'industrie allemande insensible aux réévaluations successives du mark. Bien souvent, les produits *made in Germany* se retrouvent *de facto* en position de monopole. Ils sont le point de passage obligé pour les entreprises coréennes, italiennes ou américaines, voire françaises, qui doivent moderniser leur outil de production, pour faire face à une demande croissante. L'industriel allemand offre un service complet. Il forme le personnel, assure la maintenance, vend les pièces détachées (une activité fort lucrative, le client étant obligé de payer le prix fort), participe au financement, les banques allemandes accompagnant les entreprises.

Pendant les Trente Glorieuses de l'Allemagne, le grand état-major de Deutschland AG a pris la place du grand état-major prussien de la guerre de 1914-1918. Les excédents commerciaux s'accumulent. Non seulement le mark est devenu la monnaie centrale du SME, mais il représente près de 15 % des réserves mondiales en devises. C'est l'autre monnaie internationale derrière le dollar. Il est aussi le symbole du succès allemand. Pour l'un des anciens présidents de la Bundesbank, c'est sa fermeté qui a « contribué à faire respecter à nouveau l'Allemagne à l'étranger sur le plan politique ».

La consécration, si l'on peut dire, interviendra le lundi 19 octobre 1987. Wall Street vient de connaître son premier krach depuis 1929. Le secrétaire au Trésor américain de l'époque, James Baker, se précipite au siège de la Bundesbank à Francfort. Il quémande l'appui des Allemands, sur le plan médiatique et financier. La Buba y consent. Un bref communiqué fait part de son soutien au système financier international et au dollar et annonce l'injection de capitaux pour soutenir la monnaie américaine. L'élève a dépassé le maître. Francfort a sauvé Wall Street.

À la fin de 1989, l'Allemagne est devenue le deuxième pays créancier du monde, juste derrière le Japon. Au sein du Marché commun, elle est créancière nette de 150 milliards de marks sur les onze autres pays. À la veille de la chute du mur de Berlin, l'Allemagne se retrouve en position dominante. Très exactement la même qu'un quart de siècle plus tard. La réunification, à laquelle personne ne s'attendait, va rebattre les cartes, pour un temps, et freiner provisoirement son irrésistible ascension.

10

Le retour de la grande Allemagne

La réunification marque une triple rupture dans le tissu social allemand : psychologique, démographique et économique. Entre la RDA et la RFA, le fossé est profond. Les « Wessis » n'ont que mépris pour les « Ossis ». On va les marier de force. Les premiers viennent de connaître trente ans de prospérité. Ils n'ont qu'une hantise : que les gens de l'Est prennent leur argent et leurs emplois. Les seconds sortent de trente ans de régime communiste et appréhendent d'intégrer un système pour lequel ils n'ont pas été formés. Lothar de Maizière, éphémère président du conseil CDU de la RDA en 1990, résumera ce fossé d'une belle formule : « Hier les Allemands formaient un peuple et deux États. Aujourd'hui ils sont deux peuples et un État. »

Pour éviter un exode massif des populations, Helmut Kohl décide, contre l'avis de la Buba et des groupes industriels, que la parité d'échange entre les deux marks serait de 1 pour 1, alors que l'écart de change entre l'ostmark et le Deutsche Mark était de 1 à 10. C'est l'inverse de ce qu'avait fait Ludwig Erhard en 1948. L'épargne des Allemands de l'Est ne sera pas volée. En revanche, l'outil de production devient d'un coup non compétitif, les salaires du personnel étant mécaniquement multipliés par dix. Ce choix d'Helmut Kohl est éminemment politique, voire éthique. Comme il nous l'a expliqué, quelques années plus tard, « il fallait que le capital aille vers les hommes, afin d'éviter que les hommes n'aillent vers le capital ». Très belle formule que les Européens feraient bien de méditer à l'heure où ils sont confrontés à des vagues d'immigration clandestine. Pour éviter le déferlement des dix-sept millions d'Allemands de l'Est à l'Ouest, avec tous les risques de tensions, de désordres qu'un tel exode aurait générés, Helmut Kohl a choisi de payer les Ossis, pour qu'ils restent chez eux. Le temps que l'ensemble de l'appareil de production allemand puisse se redéployer.

Helmut Kohl mène la réunification à marche forcée, en mettant tout le monde, à commencer par ses partenaires européens, devant le fait accompli. En Europe, François Mitterrand est pris de court. Chacun à l'Élysée sent bien que la chute du Mur est un événement planétaire, qui change tous les rapports de force en Europe et au niveau mondial. Le XXe siècle, né sur les ruines de la Grande Guerre, s'achève ce 9 novembre 1989, sur les décombres du mur de Berlin. Dans les semaines qui suivent, le Président français fait part de ses inquiétudes à Margaret Thatcher. « L'Allemagne peut se réunifier et même reprendre des territoires qu'elle a perdus pendant la guerre. Elle peut même être plus étendue que sous Hitler[1]. » François Mitterrand tentera de jouer la carte d'une RDA autonome. Ce qui lui sera vivement reproché par une partie des élites allemandes. Il renoncera bien vite.

Comment s'opposer, en effet, à la réunification, alors que le monde entier applaudit ? L'intelligentsia germanopratine communie à Berlin et voit, dans l'effondrement du

1. Selon les notes déclassifiées du conseiller de politique étrangère de Margaret Thatcher, rendues publiques en 2009.

bloc communiste, la victoire de la démocratie, de la liberté. Difficile, dans ces conditions, de jouer les rabat-joie ! François Mitterrand va alors se contenter d'obtenir de la nouvelle Allemagne la reconnaissance de la frontière Oder-Neisse. Il engage, en outre, la discussion avec Helmut Kohl sur le futur traité de Maastricht et la transformation du SME en une monnaie unique. L'Européen convaincu qu'il est a une obsession : arrimer l'Allemagne à l'Europe et éviter qu'elle ne bascule vers l'est. D'où cette idée de la lier à travers une union monétaire.

Avec le recul, force est de reconnaître qu'il avait tort et Margaret Thatcher raison. La dame de fer osera dire tout haut ce que beaucoup de dirigeants européens pensaient tout bas. Elle estimera que la « réunification n'aura malheureusement pas pour effet d'arrimer l'Allemagne à l'Europe, mais plutôt, à l'inverse du but recherché, d'inféoder l'Europe à l'Allemagne ».

Gorbatchev donne le feu vert à la réunification, lors d'un entretien avec Helmut Kohl. Pouvait-il faire autrement ? Il a hérité d'un État en faillite, dont l'Allemagne est devenue un des principaux bailleurs de fonds. Tout comme elle finance une part des dettes de la Hongrie et des autres pays du Comecon. En échange du feu vert de Gorbatchev, l'URSS agonisante obtiendra un don de 12 milliards de DM de l'Allemagne, pour construire des logements pour les militaires soviétiques qui retourneront dans leur pays. Le 12 septembre 1990, la nouvelle Allemagne et les quatre puissances alliées signent à Moscou le traité de paix, qui met un point final à la Seconde Guerre mondiale. L'accouchement aura duré un peu plus de neuf mois. Le dernier gouvernement de la RDA a un porte-parole, ou plutôt une porte-parole, Angela Merkel, qui occupe là son premier emploi politique.

Avec la réunification, l'Allemagne n'est plus un nain politique. D'un coup, elle devient la puissance dominante en Europe. En termes de population, elle passe de 64 millions à plus de 80 millions d'habitants, alors qu'à l'époque la France n'en compte que 58 millions. À cela s'ajoute l'immigration des communautés allemandes, les « *Aussiedler* », restées dans les pays de l'Est. Avec l'effondrement des régimes communistes, des vagues entières de *Aussiedler* convergent vers l'Allemagne. Au nom du droit du sang et en vertu de l'article 116 de la loi fondamentale. Au total, en six ans, 2,2 millions de nouveaux citoyens s'installent. Plus du double de ce qu'avait connu la France avec les rapatriés d'Algérie. C'est cet amalgame entre trois Allemagne qu'il va falloir réaliser. Entre l'Allemagne rhénane, où l'influence latine et catholique est importante, l'Allemagne du Nord et de la Prusse, et ces terres de l'Est, au-delà de l'Elbe, où les communautés allemandes essaimèrent dans le passé.

Cette grande Allemagne se trouve au milieu de l'Europe. Elle se veut, comme la Chine, l'« Empire du Milieu ». Avec une capitale, Berlin, qui incarne cette nouvelle donne géographique. « Berlin, écrit Alain Griotteray[1], est en plein centre de la toile d'araignée formée par les capitales européennes au carrefour d'un maillage complexe de réseaux, de voies, de routes, d'influences culturelles bigarrées. » Ce que Pierre Béhar[2] avait parfaitement analysé, il y a plus de vingt ans : « Géopolitiquement, le Berlin actuel n'est pas une capitale d'État, c'est une capitale d'empire. »

1. Alain Griotteray et Jean de Larsan, *Voyage au bout de l'Allemagne. L'Allemagne est inquiétante*, Éd. du Rocher, 1999.

2. Pierre Béhar, *Une Géopolitique pour l'Europe. Vers une nouvelle Eurasie ?*, Desjonquères, 1992.

La Mitteleuropa : un nouvel hinterland

Conséquence logique et immédiate de cette réunification : l'élargissement de l'Europe à l'est, là aussi mené à marche forcée par Berlin, avec la bénédiction de Washington. Pour l'industrie allemande, il est vital de retrouver un hinterland à ses portes. Ne serait-ce que pour remplacer les usines de RDA, qui ne sont plus productives. Elle fait ainsi d'une pierre deux coups. D'une part, elle trouve une main-d'œuvre, souvent de qualité, bien moins chère : dans l'industrie, mais aussi dans les services et l'agriculture. Ainsi, les agriculteurs allemands vont utiliser la main-d'œuvre de l'Est, notamment polonaise, aux salaires en vigueur dans leur pays d'origine. Idem, dans un certain nombre de services. La protection sociale en Allemagne ne s'appliquant pour l'essentiel qu'aux salariés de l'industrie... allemands. Un avantage qui n'est pas pour rien dans la montée en puissance des industries agroalimentaires outre-Rhin, qui ont dépassé celles de la France.

L'élargissement bénéficiant des fonds structurels européens, les partenaires de l'Allemagne vont en plus financer une partie de l'installation des groupes allemands dans la Mitteleuropa. Les nouvelles usines y fabriqueront les sous-ensembles, indispensables dans un modèle d'économie de bazar, qui sont expédiés vers l'Allemagne, où l'assemblage final est réalisé. Le tout étant réexporté, y compris vers la Mitteleuropa, devenue non seulement une zone de production, mais aussi une zone de consommation de produits allemands.

L'élargissement accroît le poids de l'Allemagne au sein des instances européennes. Tous ces pays, à commencer par les trois petits États baltes, sont un peu ses obligés. Certains

— la Hongrie notamment — ayant été de fidèles alliés de Hitler, sans parler de la Croatie qui rejoindra l'Union européenne en 2013. Helmut Kohl jouera le rôle de dynamiteur de la Yougoslavie en reconnaissant unilatéralement la Slovénie, puis en soutenant la Croatie contre la Serbie. Sans en référer, une fois de plus, à ses partenaires, notamment à Paris.

Chassez le naturel, il revient au galop. En poussant à l'élargissement, en multipliant les confettis, l'Allemagne ne fait que reconstituer ce Saint Empire romain germanique où les princes — les petits États de la Mitteleuropa aujourd'hui — disposaient d'une relative autonomie par rapport à l'empereur. À l'image de celle dont bénéficient les Länder vis-à-vis de l'État fédéral. C'est ce modèle qui, outre ses intérêts économiques bien compris a poussé l'Allemagne à élargir l'Union européenne. Certains de ses dirigeants vont même jusqu'à théoriser cette pratique, expliquant qu'à l'avenir les Européens devront s'habituer à ce que les petits États comptent autant que les grands. Sous-entendu : l'Estonie pèse autant que la France, l'Allemagne étant à part, car dans cette vision, elle est au sommet : l'arbitre, qui règle les conflits entre les États membres et dit le droit.

Jusqu'à la réunification, l'Allemagne n'avait pas de volonté hégémonique. Avec l'élargissement, forte de son second miracle économique, elle est, sans le vouloir, conduite à devenir l'*hegemon* de l'Europe. De chef économique, elle est amenée à en devenir le chef politique, se refusant encore à en être le chef militaire. Car le mercantilisme prospère dans la paix et non dans la guerre. Même si un excès de mercantilisme débouche souvent sur des conflits armés.

Un second miracle économique

L'Allemagne a effectivement réussi un second miracle économique en digérant sa réunification plus vite que prévu. Certes, la facture a été salée. Le choix d'Helmut Kohl revenait à payer les Allemands de l'Est à ne rien faire et à procéder à de gigantesques transferts financiers de l'Ouest vers l'Est, afin de moderniser l'appareil de production. Un vaste programme de privatisation est engagé et confié à la Treuhand. Cette institution d'État va vendre 14 600 sociétés occupant 4,1 millions de personnes. Vendre est un bien grand mot, puisque au total les recettes tirées de ces privatisations ne s'élèveront qu'à 10 milliards d'euros. Quelque 85 % des entreprises ont été achetées par des investisseurs de la RFA, le reste par des étrangers. Par rapport à la valeur de départ des entreprises, la perte pour la Treuhand est de 170 milliards d'euros. Elle sera amortie sur quinze ans, grâce aux bénéfices de la Bundesbank et aux recettes exceptionnelles de l'État allemand, comme la vente de fréquences de téléphonie mobile. À ce coût, s'est ajoutée la reconstruction des infrastructures : 300 milliards d'euros sur une vingtaine d'années. Enfin, il y a eu tous les transferts sociaux, notamment aux chômeurs. Au total, la réunification aura coûté 1 500 milliards d'euros sur vingt ans, soit environ 3 % du PIB allemand annuel.

Comment ont été financés ces transferts ? À partir des réserves accumulées dans les décennies précédentes, mais aussi par une augmentation de 5,5 % de l'impôt sur le revenu des personnes physiques (IRPP) et de la taxe professionnelle des entreprises. À l'origine, cet impôt de solidarité, le « Soli », ne devait durer qu'une année. Il a été prolongé jusqu'en 2019 et a d'ores et déjà rapporté

200 milliards d'euros, pour financer les infrastructures des Länder de l'Est. Dire qu'il est impopulaire auprès des contribuables de l'ex-RFA est un euphémisme. Reste que ces investissements massifs ont modernisé l'ex-RDA et permis à certaines de ses entreprises de retrouver une réelle compétitivité. Ils ont aussi redonné à Berlin le lustre d'une grande capitale. Tout visiteur ne peut qu'être frappé par la modernité et la puissance qui se dégage aujourd'hui de la ville. Qu'il s'agisse de la nouvelle chancellerie, du Bundestag ou des anciens quartiers de Berlin-Est, entièrement rénovés et reconstruits. Le Berlin de 2013 est en passe de redevenir le Berlin des années 1920. Un pôle culturel et artistique, tourné vers le futur, par opposition à un Paris tourné vers le passé. Berlin se veut désormais le pendant de Londres. Même si la puissance financière est toujours, comme au temps de la RFA, à Francfort.

Ce second miracle économique mettra cependant du temps à se concrétiser. Les années 1990 seront difficiles. L'Allemagne a perdu de sa superbe. Sa croissance est plus faible qu'ailleurs. Le chômage a augmenté et la hausse des coûts unitaires de main-d'œuvre a été un peu plus forte qu'en France. Sa balance commerciale s'est même inversée. Enfin, l'exode fiscal a pris, dans cette décennie, une ampleur inattendue. Il change même d'échelle, lorsque l'annonce et les conditions du passage à l'euro seront connues en 1997.

L'Europe paiera

Si la réunification coûte cher à l'Allemagne, les autres pays européens, à commencer par la France, vont, eux aussi, payer pour elle. Comment ? Par le jeu pernicieux du

SME, du traité de Maastricht et de la préparation de l'euro. Depuis mars 1983, la Bundesbank est le patron de fait du SME. Les autres monnaies n'ont pratiquement pas d'autonomie. Elles suivent ce qui se décide à Francfort. Or les dirigeants de la Buba ont mal vécu les conditions de la réunification. Notamment, le « *ein für ein* » que leur a imposé Helmut Kohl. Ils ont une hantise : que les sommes injectées massivement à l'est ne génèrent de l'inflation. Effectivement, en 1992, l'Allemagne connaît une poussée inflationniste, avec un taux qui dépasse les 5 %. La Buba voit rouge et fait monter les taux d'intérêt à court terme à près de 10 %. Sans aucune concertation européenne.

La France restait, elle, sur des niveaux d'inflation raisonnables : entre 2 % et 3 %. Logiquement, nous n'aurions rien dû changer à notre politique de taux. Mais, dans un système de monnaie commune, le risque était alors de voir les capitaux fuir vers l'Allemagne qui leur offrait une rémunération double, sans risque de change. François Mitterrand est malade, en fin de mandat. Pierre Bérégovoy vient de prendre la tête d'un gouvernement et d'une majorité dont la défaite aux législatives de 1993 est inéluctable. Le débat sur Maastricht a profondément divisé le pays. Le « oui » ne gagne que d'une très courte tête. La technostructure est très favorable à la création de l'euro. Elle est toujours, comme dans les années 1980, « germanolâtre », et n'envisage pas une seconde d'engager un véritable bras de fer avec Berlin. Incapable de se remettre en cause, elle rate, une fois de plus, l'occasion d'engager un débat de fond avec notre voisin. En dix ans, la France aura commis trois erreurs stratégiques. La première fut de ne pas dévaluer dès mai 1981. La deuxième de ne pas mieux négocier la réunification et l'élargissement. La troisième, qui découle déjà des deux précédentes, de ne pas s'affronter à la

Bundesbank. Chaque fois, la classe dirigeante française a fait passer les intérêts de la construction européenne avant ceux de la France. Les Allemands ont fait l'inverse. Aux moments cruciaux, ils ont toujours fait passer leurs intérêts avant ceux de la construction européenne.

Les Français et les autres Européens vont suivre la Bundesbank dans sa politique de taux d'intérêt très élevés, plongeant ainsi l'Europe dans la récession. Les taux d'intérêt à court terme grimpent jusqu'à 11,2 % ! L'Europe connaît alors sa plus importante récession de l'après-guerre (baisse du PIB, hausse du chômage). L'Espagne dévalue. L'Italie et le Royaume-Uni aussi et sortent du SME. La France, toujours pour ne pas faire de peine aux Allemands et qu'ils ne quittent pas la future zone euro, maintient la parité du franc par rapport au mark.

Coller à l'Allemagne aurait eu un sens si nous avions adopté la même stratégie que notre voisin : investissements massifs dans la Mitteleuropa, mais aussi dans les pays du Maghreb, pour en faire une zone de sous-traitance privilégiée ; modernisation de l'outil de production ; réforme de l'État providence pour améliorer la compétitivité des entreprises. Édouard Balladur, en 1994, lance une première réforme des retraites. Au lendemain de la présidentielle, Jacques Chirac et Alain Juppé s'attaquent aux régimes spéciaux de la fonction publique. Mais après la grande grève des cheminots, les projets de réforme sont mis au placard. La droite tente un quitte ou double avec la dissolution. Elle perd les législatives.

Revenue au pouvoir, la gauche abandonne les réformes. Lionel Jospin, comme François Mitterrand en 1981, et François Hollande en 2012, attend la reprise... Les socialistes français sont des adeptes de la théorie des cycles. Après la pluie, le beau temps. Après la récession, la croissance. Il suffit de faire le gros dos, de serrer quelques boulons si nécessaire, mais surtout ne rien changer en profondeur. Il suffit d'attendre la reprise qui viendra mécaniquement de l'ouest, des États-Unis. Comme d'habitude. Il est vrai que Michel Rocard, en 1988, a profité de cette reprise. Lionel Jospin, lui, va bénéficier de la bulle Internet qui dope effectivement les cours de Bourse et la croissance. Mais Lionel Jospin et la gauche sont des européistes. Les uns de conviction. Les autres par défaut. Ils veulent croire que l'Europe est encore celle où la France peut jouer le premier rôle. Ils n'ont pas pris la mesure de ce qui se passe en Allemagne, des bouleversements qu'implique l'élargissement. Ils n'ont pas pris conscience de la violence de la mondialisation. Sans doute, parce qu'elle a pris le visage de la social-démocratie, de Bill Clinton à Tony Blair. Même si le PS n'est pas gagné par le social-libéralisme, il rêve d'une mondialisation à visage social, sans s'apercevoir que cette mise en concurrence mondiale sauvage remet en cause tous les acquis sociaux. Une seconde mondialisation d'autant plus brutale qu'elle est rapide et s'appuie sur un bouleversement technologique : la troisième révolution industrielle avec Internet et la mise en réseau du monde.

En 1997, la France aurait pu faire jeu égal avec l'Allemagne, voire la distancer. On l'a oublié aujourd'hui, mais, en ce temps-là, l'Allemagne est en plein doute. Elle a mal à la réunification. Elle a peur de perdre « son mark ». Ce spleen s'exprime à travers un sondage, en novembre 1997 : 61 % des Allemands pensent que l'avenir sera moins sûr, et 52 % sont persuadés que seuls les plus forts s'en sortiront. « La perte de dynamisme économique s'accompagne automatiquement de la paraplégie de notre société... quiconque jette un coup d'œil dans nos médias acquiert l'impression que chez nous le pessimisme est devenu une disposition d'esprit généralisée... » Ce n'est pas un commentaire sur la France des années 2010, mais un extrait du discours du président de la République fédérale d'Allemagne, Roman Herzog, le 26 avril 1997. Un discours que beaucoup considèrent comme fondateur, car l'homme appelle à un sursaut de la part des élites : « Il nous faut à nouveau une vision qui n'est rien d'autre qu'une stratégie de l'action. »

Cette stratégie au service d'une vision, les élites allemandes vont la mettre en œuvre. Les Français, eux, vont dilapider les fruits de cette croissance qui revient. Au lieu d'investir, de moderniser son outil de production dans le cadre de la mondialisation, la France construit des ronds-points, des palais régionaux, des médiathèques, des centres omnisports, etc. Elle multiplie les aides de toutes sortes, développe l'assistanat, les emplois parapublics, plutôt que de créer de véritables emplois dans l'économie marchande. Avec les trente-cinq heures et l'alourdissement de l'ISF, la France se met deux boulets aux pieds, à la veille d'une compétition où on va lui demander de courir face à des concurrents qui se sont dopés.

« Je viens de comprendre que la France décidera de passer à la semaine de trente-cinq heures, à salaires constants, je dois dire que c'est là une excellente nouvelle pour l'industrie allemande. » L'homme qui s'exprime ainsi, en 1997, au lendemain d'un entretien avec le ministre français de l'Économie, Dominique Strauss-Kahn, n'est pas n'importe qui. C'est Gerhard Schröder, leader du SPD, qui va bientôt gagner les élections et remplacer Helmut Kohl. Il sera le père du second miracle économique allemand, avec son agenda 2010 et les lois Hartz, qui vont doper l'industrie allemande.

Gerhard Schröder tranche avec les précédents chanceliers. C'est un Allemand de l'après-guerre, avec un père mort sur le front et une mère femme de ménage. Il deviendra avocat en suivant des cours du soir et milite chez les jeunes socialistes. Il sera même considéré, pendant un temps, comme un gauchiste. Un gauchiste qui aime fréquenter les grands couturiers, piloter les Audi, fumer des Cohibas. Sans parler de ses innombrables conquêtes féminines. Pour lui, sa génération n'a rien à voir avec le nazisme. L'Allemagne a fait acte de repentance, mené à bien sa résilience. Elle doit maintenant s'émanciper. Vis-à-vis des États-Unis. D'où son flirt avec la Russie de Vladimir Poutine et son opposition, plus tard, à la guerre en Irak de George W. Bush. Son rapport à la France, pour laquelle il n'a pas grande considération, n'a plus rien à voir avec celui de ses prédécesseurs. Une France qui reste le principal concurrent de l'Allemagne, au sein de l'Union européenne. Cet ancien gauchiste, qui ne déteste pas l'argent, va épouser les intérêts de Deutschland AG et faire en sorte que l'industrie retrouve toute sa compétitivité. Voilà pourquoi il se félicite des trente-cinq heures françaises. Il sait, lui, que c'est un formidable cadeau à l'Allemagne, alors en plein doute.

Fasciné par Bill Clinton et Tony Blair, c'est un adepte du social-libéralisme, cette troisième voie entre les traditionnelles recettes keynésiennes et le libéralisme incarné par Margaret Thatcher et Ronald Reagan. Nommé chancelier après la victoire électorale de 1998, il met peu à peu en place les réformes visant à booster la compétitivité et rompt avec l'aile gauche du SPD d'Oskar Lafontaine[1]. Celui-ci, originaire de Sarre, était partisan d'une politique de relance au niveau européen, en réorientant l'UE dans un sens plus social. Le tout à partir d'un axe franco-allemand. Mais

1. Démissionné de son poste de ministre des Finances, Oskar Lafontaine va créer le parti Die Linke.

Lafontaine est minoritaire : au sein du SPD, comme de la nouvelle Allemagne où les jeunes générations sont plus tournées vers les idéologies sociales-libérales anglo-saxonnes et attachent moins d'importance à l'axe franco-allemand. Elles ont adopté l'anglais comme seconde langue et même comme première dans les affaires.

Au cours de son premier mandat, Gerhard Schröder ne mènera réellement à bien qu'une seule grande réforme sociale : celle des retraites, en instituant un système de fonds de pension, supposé compenser une baisse des futures retraites du système général. Il diminue les dépenses publiques et les impôts des plus riches, entraînant ainsi une baisse des prélèvements obligatoires. À vrai dire, il ne fait que poursuivre la politique d'austérité déjà amorcée par Helmut Kohl. Celui-ci avait pris diverses mesures pour réduire les indemnités maladie et s'attaquer aux dérives de la Sécurité sociale. Cette rigueur et le fait que les bénéfices de la réunification ne sont toujours pas probants expliquent la défaite du chancelier, usé après seize années de pouvoir, aux élections de 1998 et la victoire de Gerhard Schröder.

C'est surtout au niveau européen que ce dernier va faire porter son effort et obtenir le plus de résultats pour la grande Allemagne. Avec un fil directeur : « Il n'est pas possible de régler les problèmes de l'Union européenne avec un chèque allemand. » Payer moins pour obtenir plus, telle sera sa ligne directrice. Avec un indéniable succès au sommet de Nice, en 2001, lors de la négociation du traité européen. Il obtient une remise en cause de la parité entre la France et l'Allemagne, au sein des instances européennes, notamment du Parlement. Et ce, en faisant valoir que la nouvelle Allemagne pèse plus, en termes de population et de PIB, qu'au moment du traité de Rome. La France, alors en cohabitation, cédera, toujours au nom de l'intérêt de l'Europe et de la nécessité de ne pas se fâcher avec l'Allemagne. Quatrième funeste erreur de nos dirigeants. En acceptant ce changement de parité, Paris reconnaît la prééminence de Berlin. Les autres pays européens, à commencer par les petits États, ne s'y tromperont pas. Il y a désormais, en Europe, un numéro un et un numéro deux. À l'image de ce qui se passe avec la monnaie unique.

11
L'euro, c'est le mark

L'euro voit officiellement le jour le 1er janvier 1999. Personne en Allemagne ne célèbre l'événement. Il est vrai qu'une majorité d'Allemands est réticente à cet abandon du Deutsche Mark. Celui-ci reste la monnaie nationale jusqu'à l'échange de billets prévu pour le 1er janvier 2002. En réalité, l'euro c'est le mark. Ou plutôt, un euro vaudra deux marks[1], le calcul de parité ayant été fait de manière que la population allemande n'ait pas d'effort de conversion à faire. L'euro c'est le mark, parce qu'il est géré par la Banque centrale européenne, dont les structures ont été purement et simplement calquées sur celles de la Bundesbank.

Une BCE, indépendante des États, qui n'a pour feuille de route qu'un seul et même objectif : maintenir l'inflation au-dessous de 2 % au sein des pays membres de la zone. Elle dispose de l'arme des taux, mais n'a pas vocation à intervenir sur les marchés des changes, pour faire baisser ou monter l'euro. Enfin, il ne lui appartient pas d'avoir des objectifs de croissance ou des préoccupations sociales. Pour que les choses soient bien claires, cette « BundesBCE » a

1. Très exactement 1,955 DM. Alors que la parité du franc sera de 6,65 F.

son siège à Francfort. La France l'a accepté, en échange de la présidence qui aurait dû échoir, dès le départ, à Jean-Claude Trichet. Il devra patienter, nos partenaires et les Allemands revenant sur l'engagement pris. Le premier président de la BCE sera donc un néerlandais, Wim Duisenberg, qui ne peut rien refuser à la Buba. Jean-Claude Trichet, pourtant un tenant de l'orthodoxie monétaire, devra attendre cinq ans avant de prendre la tête d'une BCE... où tous les postes clés sont aux mains des Allemands. Manfred Körber, porte-parole de la Buba, devient celui de la BCE. Otmar Issing, économiste en chef de la Buba, sera celui de la BCE. Le directeur en charge des relations internationales est un ancien de la Buba.

L'offensive de la nouvelle Allemagne s'appuie sur un « *soft power* » d'autant plus actif qu'il bénéficie de budgets importants. Deux fondations — Friedrich-Ebert, proche du SPD, et Konrad-Adenauer, proche de la CDU — mobiliseront chacune plusieurs centaines de millions de DM pour promouvoir les intérêts de la nouvelle Allemagne. Elles multiplient les études, assurent des bourses pour les étudiants, allemands et étrangers, organisent des manifestations un peu partout. Elles travaillent en liaison avec les Goethe Institute qui prolifèrent. Ces fondations vont tout à la fois inspirer le nouveau modèle allemand et le vendre, hors des frontières.

Quatre événements majeurs marquent le début du troisième millénaire. L'éclatement de la bulle Internet. L'attentat d'al-Qaida contre les Twin Towers. L'entrée de la Chine dans l'OMC. L'échange physique des monnaies au sein de la zone euro. Les médias et les livres d'histoire retiendront l'événement le plus spectaculaire : l'effondrement des Twin Towers et l'attaque directe portée à l'hyperpuissance américaine sur son propre sol. Reste que les deux derniers événements sont tout aussi importants, pour l'évolution des rapports de force mondiaux. Avec l'entrée de la Chine dans l'OMC, les délocalisations s'accélèrent, les multinationales prospèrent, les déséquilibres commerciaux s'aggravent. Déjà conscientes de la perte de compétitivité de leurs entreprises, les élites dirigeantes allemandes vont militer pour un ajustement drastique. Rien de tel qu'un social-démocrate pour mener une politique de rigueur salariale et sociale. Gerhard Schröder vient de gagner des élections. Il renoue — ou plutôt le patronat le pousse à renouer — avec une politique à la Bismarck, en imposant par le haut une réforme fondamentale.

L'agenda 2010 et les lois Hartz[1] vont naître des travaux des fondations Konrad-Adenauer et Friedrich-Ebert. Et surtout de ceux de la fondation Bertelsmann, très liée au patronat. Le tout sur fond d'une coopération intergouvernementale entre Tony Blair et Gerhard Schröder. Le 14 mars 2003, le chancelier allemand présente au Bundestag son agenda 2010. Un programme de gouvernement, bien plus libéral que social. Le détail des mesures a été abondamment commenté depuis. Pour simplifier, disons qu'elles visent à favoriser les entreprises, plus exactement les entreprises industrielles, et plus encore les grandes et moyennes entreprises industrielles. Tout est fait pour diminuer le coût du travail, les cotisations patronales. Pour compenser cette baisse des recettes, on diminue, en face, le niveau des prestations sociales. L'âge de la retraite est repoussé à soixante-sept ans. L'État privilégie le travail partiel en le subventionnant. Les formalités de licenciement sont assouplies. Les

1. Peter Hartz, ancien DRH de Volkswagen, dirigeait une commission sur les réformes souhaitables du marché du travail. Ses conclusions, remises en août 2002, seront toutes reprises par Gerhard Schröder.

chômeurs moins bien indemnisés et contraints d'accepter n'importe quel type de postes. Sur le plan fiscal, le taux marginal de l'IRPP est réduit et celui de l'impôt sur les sociétés (IS) est ramené à 25 %, voire moins, si les bénéfices sont réinvestis.

Cet agenda 2010, qui porte l'empreinte du patronat, suscite dans un premier temps une levée de boucliers à gauche. Toute l'habileté du programme consiste à faire reposer l'essentiel des efforts sur une partie seulement de la population. Et non sur le cœur du Standort Deutschland, le moteur de son économie : l'industrie... qui exporte. Voilà pourquoi, le DGB, notamment sa branche la plus puissante, l'IG Metall, se rallie peu à peu à l'agenda 2010. Ses gros bataillons sont dans l'industrie. Très peu dans les services et encore moins dans l'agriculture. Au sein des entreprises, l'application de l'agenda se fera souvent, la cogestion aidant, avec pragmatisme. D'autant que la situation s'améliore progressivement : le chômage diminue et les excédents commerciaux augmentent. La balance des paiements courants redevient positive dès 2001. L'Allemagne retrouve sa compétitivité. Surtout par rapport à ses partenaires de la zone euro, qui n'ont plus les dévaluations compétitives pour la maintenir. En revanche, ces partenaires sont devenus d'excellents clients pour le *made in Germany*. Ils peuvent même acheter à crédit, puisque leurs taux d'intérêt se sont alignés, peu ou prou, sur ceux de l'Allemagne.

Cette baisse des taux, dont Jean-Claude Trichet vantait à l'époque les effets bénéfiques, aura eu de considérables effets pervers. Les Grecs s'endettent pour acheter des Mercedes. Les Espagnols s'endettent pour financer l'achat d'appartements sur cinquante ans à 120 % de leur valeur. Avec le reliquat, ils achètent de l'électroménager *made in*

Germany, équipent leurs salles de bains en robinetterie Grohe, leurs jardins en matériel Kärcher, etc. Jusqu'aux Français qui prennent goût aux modèles automobiles haut de gamme d'outre-Rhin. On achète à crédit la « *Deutsche Qualität* ». Comme on achète à crédit les produits bas de gamme *made in China*.

La dureté de l'agenda 2010 et des lois Hartz coûtera le pouvoir au SPD. Le « peuple de gauche » trouve la pilule amère et se dit que pour mener une politique libérale mieux vaut peut-être finalement faire appel à de vrais libéraux. Gerhard Schröder, désavoué par une partie du SPD, perd les élections anticipées qu'il a provoquées en 2005. Son vainqueur est une femme, encore peu connue sur la scène internationale : Angela Merkel.

Sous ses airs gauches et son élégance toute relative, la nouvelle chancelière est à sa manière une dame de fer. Son arrivée est tout un symbole. Première femme à accéder au pouvoir suprême en Allemagne elle est, en outre, une fille de l'Est, qui a grandi, étudié, enseigné dans la RDA communiste. Un passé sur lequel elle a toujours été très discrète. Il est vrai que le parcours de sa famille, de son père est atypique. Alors que les citoyens de RDA ne songeaient qu'à fuir le pays, son père, pasteur luthérien, choisit de passer le rideau de fer, dans l'autre sens, pour devenir un compagnon de route du régime. Horst Kasner déteste les *Yankees*, rejette le capitalisme et sa perversion par l'argent. Il conçoit sa religion comme un engagement social. Il quitte donc Hambourg, où la petite Angela est née en 1954, pour un régime qui lui conférera un statut de privilégié. Les pasteurs sont généralement victimes d'ostracisme de la part des autorités est-allemandes. Ainsi, leurs enfants ont le plus grand mal à accéder aux études supérieures. La fille de « Kasner le rouge », elle, va faire de brillantes études. Elle ne sera pas professeur de russe, comme elle l'aurait aimé, mais de physique. Elle se marie et divorce assez vite[1]. Elle gardera cependant le nom, Merkel, de son premier mari. Pendant une quinzaine d'années, la jeune femme apprend à survivre dans un univers où le soupçon est permanent. Il faut dissimuler, supporter, tout en résistant, du moins dans sa tête. Fille d'un protégé du régime, Angela était inscrite aux jeunesses communistes. A-t-elle, comme tant d'autres, été une collaboratrice de la Stasi ? La rumeur se veut insistante. Lorsque cette hypothèse a été évoquée, elle a toujours habilement botté en touche : sans confirmer, ni démentir. Ne se souvenant plus précisément des détails de sa vie à l'époque du rideau de fer[2].

Angela Merkel entre en politique, quelques jours après la chute du Mur. Elle, qui se voulait écolo, choisit finalement l'équivalent est-allemand de la CDU et sera, à trente-cinq ans, la porte-parole de Lothar de Maizière. Cet engagement dans la CDU est aussi une manière de s'opposer à son père. Nul doute que la jeune Angela en voulait au pasteur d'avoir franchi le rideau de fer dans le mauvais sens. La famille se déchire. Avec la réunification, Horst Kasner continue de militer à l'extrême gauche. La mère se rapproche des sociaux-démocrates. La fille se place dans le sillage d'Helmut Kohl et de Wolfgang Schäuble, qui a mené toutes les discussions ayant conduit à la réunification. Angela Merkel, la « gamine », comme la surnommait affectueusement le chancelier, se voit confier un premier poste ministériel : celui des femmes. En 1994, elle est

1. Elle se remariera en 1998.

2. Lors de la chute du Mur, il y eut une course-poursuite entre services secrets pour se procurer les archives de la Stasi, avec un affrontement entre la CIA et la DGSE. Il se murmure que la première mit la main sur quelques fiches, dont celle d'Angela Merkel.

promue ministre de l'Environnement. De là date sa parfaite connaissance des questions énergétiques et son hostilité au nucléaire. À l'époque, son principal atout est d'être une femme et de l'Est. Personne ne songe à elle pour jouer un premier rôle. Celui-ci est dévolu au successeur désigné d'Helmut Kohl, Wolfgang Schäuble.

L'Angela de la CDU va appliquer les mêmes méthodes que l'Angela de la RDA. Dissimulation, méfiance, discrétion, pragmatisme. Elle apprend, évalue les rapports de force, détecte les faiblesses de cet univers très masculin. La protégée d'Helmut Kohl attend son heure, pour jouer les Brutus. Après la défaite électorale de 1998, Helmut Kohl se retire et cède la place de président de la CDU à Schäuble. Celui-ci nomme Angela Merkel, secrétaire générale. Elle ne devrait pas lui faire d'ombre. Erreur ! L'affaire dite des caisses noires, en 2000, permet à la « gamine » de faire coup double. Lorsque Helmut Kohl est directement mis en cause, elle l'oblige à quitter la présidence d'honneur de la CDU et pousse Wolfgang Schäuble à la démission. Au nom de l'intérêt supérieur et pour « sauver l'âme du Parti ». Elle avait déjà tué son père biologique en choisissant la CDU. Cette fois, elle tue son père spirituel, pour prendre sa place. Quant à Wolfgang Schäuble, il fera au fil des ans contre mauvaise fortune bon cœur et deviendra un homme clé du dispositif Merkel : ministre de l'Intérieur, puis des Finances.

Helmut Kohl se voulait un acteur de l'Histoire, avec un grand « H », Angela Merkel, elle, est un acteur de la petite histoire, au jour le jour. Elle n'est pas une stratège au sens où on l'entend habituellement. Elle laisse ce soin à d'autres, aux intellectuels de son parti, au grand patronat. Elle est une redoutable tacticienne, qui ne donne sa confiance qu'avec parcimonie et ne laisse pas libre cours à ses sentiments. D'aucuns la jugent froide. Peut-être est-ce simplement un manque d'affect. On ne lui connaît guère de passions, hormis l'opéra, et surtout le football. Ce sport est le moyen, pour elle, d'exprimer ce profond sentiment national qui l'habite. Angela Merkel va, peu à peu, se forger un grand dessein. Celui de construire une Europe allemande, ou plutôt, une Europe à l'image de l'Allemagne. Une stratégie qui connaît des fluctuations, des hésitations, car elle a fait sienne la démarche du dragon chinois, qui peut onduler dans les rues, mais ne perd jamais de vue l'objectif final.

Gerhard Schröder a souvent été considéré comme l'homme des Russes, de par sa proximité avec Gazprom. De fait, il avait gardé de son passé gauchiste une certaine méfiance à l'égard de l'impérialisme américain. Rien de cela avec Angela Merkel. Bien au contraire. Sa vie en RDA a développé, chez elle, une certaine schizophrénie. Elle devait composer avec le régime, mais rêvait des États-Unis. Lors de son OPA sur la CDU, elle aurait bénéficié du soutien discret de l'aile la plus proaméricaine du Parti. Pour Washington, l'Allemagne d'Angela Merkel redevient une alliée de poids. « Il faut punir la France, oublier la Russie, pardonner à l'Allemagne », avait menacé Condoleezza Rice, lorsque les trois pays avaient condamné l'intervention américaine en Irak, en 2003. Avec Angela Merkel, le pardon va de soi.

Arrivée au pouvoir, la nouvelle chancelière a deux objectifs : sur le plan économique, transformer l'essai de l'agenda 2010. Sur le plan politique, s'appuyer sur les succès de l'industrie allemande et les excédents commerciaux, pour accroître l'influence de son pays, à l'intérieur de l'Europe et dans le monde.

Le contrat de gouvernement de la grande coalition — CDU-SPD — qu'elle dirige en 2005 résume, en quelques mots, la nouvelle philosophie de cette lutte contre le chômage : « Même un travail mal payé et inconfortable est préférable à une non-activité financée par les transferts sociaux. » Les lois Hartz avaient engagé une réforme en profondeur de l'agence fédérale du travail. Elle est amplifiée. Les indemnités chômage seront désormais conditionnées à la situation patrimoniale. Les procédures de licenciement dans les PME sont allégées. Le statut d'auto-entrepreneur incite les chômeurs à créer leur propre emploi. La nouvelle réglementation oblige les demandeurs d'emploi à être plus mobiles. Les entreprises sont incitées à accroître les contrats d'apprentissage sous peine de pénalités. Enfin, en 2007, le report progressif de l'âge de la retraite d'ici à 2030 est voté.

Au niveau macroéconomique, le taux de la TVA est porté, en 2006, de 16 % à 19 %. Gain pour les recettes publiques : 25 milliards d'euros. Cette manne supplémentaire sera consacrée pour les deux tiers à la réduction du déficit budgétaire et pour un tiers à la réduction des charges sociales patronales. Cette forte hausse de la TVA ne s'est pas traduite par une hausse de l'inflation, les agents économiques ne l'ayant que faiblement répercutée dans les prix. En choisissant d'augmenter l'impôt à l'assiette la plus large, le gouvernement de coalition a privilégié l'efficacité sur la justice sociale, la TVA pesant plus, proportionnellement, sur les ménages les moins riches. En ce début de millénaire, l'Allemagne est manifestement plus préoccupée d'accroître sa compétitivité, de renforcer son tissu industriel, que de justice sociale. C'est un choix : assumé.

Une Allemagne à deux vitesses

Les conséquences de l'agenda 2010 et de la politique économique et sociale menée par la grande coalition d'Angela Merkel ont été doubles. L'Allemagne, c'est un peu Dr Jekyll et Mr Hyde. Il y a désormais deux Allemagne : celle des salariés de l'industrie et de tous ceux qui gravitent dans son sillage, et celle des *working poors*. Si, dans les branches industrielles, les syndicats ont obtenu des grilles de salaires correctes, surtout sous Merkel, 6,5 millions de personnes étaient payées moins de 10 euros bruts l'heure, dont 2 millions moins de 6 euros. Il n'y a pas de Smic dans les services et les mini-jobs à 450 euros par mois se sont multipliés. On en compte encore près de 7,5 millions, soit environ 20 % d'une population active de 41,5 millions de personnes. Selon le DGB, pour 5 millions d'entre elles, il s'agit d'emplois uniques, dans une grande majorité exercés par des femmes seules ; et pour 2,5 millions, de mini-jobs complémentaires pour des étudiants, des retraités ou des chômeurs.

Cette Allemagne pauvre, c'est aussi celle des chômeurs qui ne retrouvent plus d'emploi et ne perçoivent plus d'indemnités ; celle de ces travailleurs saisonniers de la Mitteleuropa, payés au salaire de leurs pays d'origine (autour de 5 euros l'heure, sans charges sociales). C'est Gerhard Schröder qui a permis aux entreprises allemandes de louer de la main-d'œuvre à des sociétés étrangères.

Cette Allemagne pauvre, c'est celle du « système Amazon », où cinq mille intérimaires, en majorité étrangers, assurent les pics de commande. Les conditions de travail de ces employés, recrutés par les sociétés d'intérim, logés dans des conditions précaires, surveillés en permanence par des agents de sécurité, ressemblent fort à celles pratiquées dans les usines chinoises : les salaires n'y sont pas tellement plus élevés.

Cette Allemagne pauvre, ce ne sont pas seulement les villes moyennes d'Allemagne de l'Est, mais aussi d'anciens fleurons de la Ruhr. Tout comme Detroit, aux États-Unis, Oberhausen, proche de Düsseldorf, est dans une spirale du déclin. Cette ville de 210 000 habitants a perdu 50 000 emplois en cinquante ans avec un taux de chômage double de celui du pays. La municipalité croule sous les dettes et les dépenses sociales. Elle n'a cessé d'augmenter les impôts avec pour seul résultat de faire fuir un peu plus les entreprises et ceux qui ont la capacité de payer. Au nom de l'autonomie de gestion des villes et Länder, Berlin fait la sourde oreille aux appels au secours de la municipalité. Dernier et ultime recours des édiles : un impôt sur le « travail sexuel », une taxe sur la prostitution qui est légale en Allemagne.

« Vaut-il mieux avoir des travailleurs pauvres ou des chômeurs ? » Pour Patrick Artus, « l'Allemagne a fait le choix des travailleurs pauvres. D'où les fortes pressions qui s'exercent pour favoriser le retour à l'emploi en Allemagne, y compris dans les emplois peu qualifiés à salaire faible. Cela explique l'écartement entre les salaires de l'industrie et les salaires des services en Allemagne (35 % en 2000, 52 % aujourd'hui) ; la hausse des inégalités de revenus en Allemagne et pas en France ; la très forte hausse de la partie de la population au-dessous du seuil de pauvreté en Allemagne, plus forte qu'en France (16 % contre 14 % en 2011, alors qu'en 2000 il n'y avait que 10 % de la population au-dessous du seuil de pauvreté en Allemagne et 14 % en France). Il y a en Allemagne un énorme écart entre les salaires de l'industrie et ceux de la distribution, des transports, du tourisme (177 à 100, contre 132 à 100 en France), ce qui reflète aussi la dualité du marché du travail. L'Allemagne a donc bien fabriqué une économie avec des salaires faibles en dehors de l'industrie et des inégalités fortes ».

Les classes moyennes de l'Allemagne industrielle ont d'autant mieux supporté les rigueurs de l'agenda 2010 qu'un certain nombre de dépenses contraintes ont été contenues. À commencer par l'immobilier, dont les prix, en dix ans, ont baissé. Alors qu'en France ils s'envolaient. Trois raisons à cela. L'absence d'une demande étrangère qui a fait monter les prix à Paris, Londres et les grandes villes du Sud. Une moindre propension à l'accession à la propriété. Une demande qui diminue, en liaison avec la chute de la démographie.

De moins en moins d'Allemands

L'Allemagne qui se veut un parangon de rigueur et de sérieux a vécu pendant des années, pour ne pas dire des décennies, sur de fausses statistiques. Pas n'importe lesquelles, celles de la démographie. Si l'économie n'est pas une science exacte, la démographie, elle, s'en rapproche. Tous les pays développés ont mis au point des méthodes de recensement qui permettent de cerner, avec une grande précision, les données de base : taux de fécondité, natalité, mortalité, flux migratoires... Tous sauf un : l'Allemagne. Le vendredi 31 mai 2013, on a découvert que la population allemande était inférieure de 1,5 million à ce que les autorités affirmaient depuis vingt ans ! L'Allemagne compte 80,2 millions d'habitants et non 81,7 millions. Comment une telle erreur est-elle possible? La faute, une fois de plus, en revient à Hitler. L'Allemagne de l'après-guerre est allergique à tout ce qui peut s'apparenter à une violation de la vie privée. Le dernier recensement à l'Ouest remonte à 1987 et avait donné lieu à de vives oppositions. « Seuls les moutons sont comptés », clamaient dans les rues les Verts de l'époque. Ce n'est qu'après une mise en demeure de l'Union européenne que Berlin se résolut à lancer un recensement en 2011. Avec ce résultat surprenant. L'erreur serait due, en partie, à une mauvaise prise en compte des ressortissants étrangers, dont le nombre serait inférieur de près d'un million à ce que l'on croyait.

Cette révision à la baisse est tout, sauf anecdotique. L'Allemagne avait obtenu une révision des traités, à Nice, en vertu d'un poids démographique plus important. Or toutes les projections montrent que les populations allemandes et françaises vont se rejoindre dans une trentaine d'années. D'ici à 2060, notre voisin perdrait quinze millions d'habitants et la France en gagnerait neuf millions. Depuis le milieu des années 1960, le nombre annuel des naissances a diminué de plus de moitié et l'espérance de vie a augmenté de dix ans. Le taux de fécondité, loin de remonter, diminue. Il se situe à 1,36 enfant par femme contre 2 en France, et 1,58 pour la moyenne européenne.

La politique familiale est un des rares domaines où Angela Merkel reconnaît une légère supériorité à la France. Elle-même est à l'image de cette Allemagne, qui ne fait pas et ne veut pas d'enfants. Paradoxalement, l'Allemagne consacre plus que la France à sa politique familiale : 3,2 % du PIB, contre 2,6 %. Quelque 200 milliards d'euros par an, en allocations familiales, salaires parentaux et autres avantages fiscaux. En revanche, il est vrai que peu de chose a été fait pour favoriser les femmes qui ont de jeunes enfants et veulent continuer de travailler.

Dans la culture allemande, la règle du KKK (*Kinder, Küche, Kirche*) — la mère doit s'occuper de l'enfant, de la cuisine et de l'église — reste prégnante. Surtout en ce qui concerne l'enfant. L'absence de crèches oblige les mères à poser des congés parentaux, le temps que leur enfant parvienne à l'âge du cours préparatoire. Cette interruption pèse sur les carrières des femmes. D'où leur volonté de limiter les grossesses. Globalement, le taux d'emplois féminins est sensiblement plus élevé qu'en France (67 % contre 59 %). Les femmes françaises entrent dans la vie active plus tard et en sortent plus tôt. Les Allemandes, elles, entrent plus tôt et en sortent plus tard. En revanche, elles sont moins présentes au travail, au moment où elles sont en âge de procréer. Moins d'un tiers des femmes ayant un enfant de moins de trois ans travaillent. Les deux tiers des mères d'enfants de moins de quinze ans sont à temps partiel, contre un tiers en France.

Cet effondrement de la démographie, qui semble inéluctable, et le vieillissement corrélatif de la population sont une des obsessions du pays, et explique son mercantilisme. Il faut accumuler des réserves financières, ne pas les prêter à n'importe qui, afin de pouvoir faire face à ce vieillissement et à son coût. D'ici à 2030, il faut trouver un million de personnes pour s'occuper des 24 millions de personnes âgées, contre 16 millions seulement aujourd'hui. Exportation de marchandises et importation de main-d'œuvre, tel est désormais l'agenda 2020 de l'Allemagne d'Angela Merkel.

12
Contrôler l'Europe, tout en gardant les mains libres

À la veille de la faillite de Lehman Brothers, l'Allemagne a accompli son deuxième miracle économique. L'ensemble des mesures adoptées au cours des dix années précédentes a porté ses fruits. L'industrie allemande est redevenue une des toutes premières du monde. Le prix à payer a été élevé. Des millions d'Allemands ont été laissés sur le bord de la route. Mais le succès est là.

Un succès dû à un *policy mix* que l'on n'a pas toujours présent à l'esprit. À la compétitivité intérieure, s'ajoute une consommation modérée en raison de la pression sur les salaires. L'économie de bazar et les délocalisations, dans une Mitteleuropa aux monnaies et salaires plus faibles, favorisent l'importation de sous-ensembles à bas coût. La création de l'euro apporte à l'Allemagne des marchés d'autant plus solvables que les hausses de salaires et les crédits sont généreusement octroyés, les taux d'intérêt ayant considérablement diminué. Une évolution qui permet à l'industrie allemande de faire d'une pierre deux coups : non seulement elle vend plus en zone euro, mais en outre elle élimine ses principaux concurrents dont les coûts salariaux augmentent en flèche.

L'analyse des statistiques est éclairante. Les surplus commerciaux allemands, qui plafonnaient autour de 50 milliards d'euros depuis 1995, bondissent à partir de 2001, au moment où l'euro remplace toutes les monnaies de la zone. Ils dépassent très vite les 100 milliards, pour atteindre un record de 200 milliards en 2007. Une étude de Xerfi analyse la stratégie des entreprises allemandes d'amélioration de leur compétitivité par leurs importations[1]. La part des exportations dans le PIB a doublé depuis le milieu des années 1990, passant de 24 % en 1995 à plus de 52 % en 2013. Simultanément, la part des importations a crû dans des proportions très comparables pour atteindre 46 %. Alors qu'en France, en Italie, en Espagne ou au Royaume-Uni, exportations et importations sont pratiquement restées au même niveau : 30 % du PIB. Le décrochage, résultat des délocalisations dans leur nouvel hinterland, date bien de l'an 2000.

Jusqu'au déclenchement de la crise, la reconquête allemande s'est faite au détriment de la France, du Royaume-Uni et de l'Italie. Leur part dans les exportations de l'Union européenne a diminué de 9 %, alors que celles de l'Allemagne et de ses satellites de l'Est ont augmenté de 7 %. Plus la balance commerciale de l'Allemagne s'améliore, plus celles de ses partenaires du sud de l'Europe et du Royaume-Uni se détériorent : « Pendant toute cette période, le marché unique a constitué une première issue pour désenclaver les entreprises allemandes d'un marché à population vieillissante et déclinante[2]. » Les consommateurs européens ont pris le relais des consommateurs allemands.

Avec la crise, ce modèle vacille. Les clients de l'industrie allemande réduisent drastiquement leurs commandes.

1. Olivier Passet, « L'UE, plateforme de production de l'économie allemande », *Xerfi-Synthèse*, n° 1, juin 2013.

2. *Ibid.*

Notamment en Europe. Le PIB allemand, en 2009, enregistre la plus forte baisse de tous les pays occidentaux. Faut-il renoncer à ce modèle mercantiliste, relancer la consommation intérieure, en relâchant la politique de rigueur salariale ? Faut-il permettre à la BCE d'ouvrir les vannes en Europe, comme le font la FED et la Banque d'Angleterre ? Bref, faut-il renoncer à l'ordolibéralisme ? Autant demander à un homme d'église de renoncer à sa foi ! La classe dirigeante allemande croit en la vertu de son modèle et de sa politique économique qui a pour tâche première d'accroître la prospérité du pays.

Rainer Brüderle, ministre fédéral de l'Économie et de la Technologie, résume parfaitement, début 2010[1], la position de son pays : « La forte position des sociétés allemandes sur les marchés internationaux résulte de décisions décentralisées, prises par des entreprises et des consommateurs du monde entier. Elles témoignent de la compétitivité de notre pays, de la haute estime dont jouissent nos produits et services. Et est le résultat de l'ouverture de nos marchés. Les stratégies de taux de change et la planification par l'État de nos exportations n'ont pas leur place dans le modèle allemand d'économie sociale de marché. » Une pique qui vise naturellement la France. Le ministre poursuit : « Certains pays ont succombé à la tentation de vivre au-dessus de leurs moyens. Le recul de la compétitivité des prix et l'augmentation des déficits du commerce extérieur sont le tribut à payer pour leurs emprunts excessifs, leur manque de discipline nécessaire et la générosité de leurs accords salariaux. »

À ceux qui voudraient que l'Allemagne augmente les salaires, pour accroître sa demande intérieure et réduire sa

1. Rainer Brüderle, « La nouvelle question allemande », *Les Échos*, 30 avril 2010.

compétitivité, le ministre répond : « Les coûts salariaux allemands restent les plus élevés du monde, malgré la relative modération salariale de ces dernières années. Renoncer à cette politique entraînerait une augmentation du chômage et la perte de marchés. » Le propos a le mérite d'être clair. L'Allemagne fait la guerre... économique. Elle a remplacé les Panzers par ses groupes industriels, dont les managers sont aussi efficaces que les Rommel et autres Guderian d'hier. Elle unifie l'Europe autour de son modèle. Elle ne se sent aucune responsabilité dans la crise venue des États-Unis. Elle ne s'en sent pas beaucoup plus dans cette seconde crise qui frappe, cette fois, les pays du sud de la zone euro.

Pourquoi l'Allemagne est restée dans l'euro

Lorsque la crise grecque éclate, début 2010, suivie par celles de l'Irlande, de l'Espagne, du Portugal, une partie de l'opinion publique et du patronat allemand prend peur. Le pays n'a pas encore fini de payer la réunification, que l'on veut lui demander de financer les pays du Sud. Que cela prenne la forme d'un effacement partiel de leurs dettes ; de leur mutualisation à travers des euros bonds ; ou par des interventions directes de la BCE. La Buba est vent debout contre de telles idées. Le débat qui avait existé au moment de la naissance de l'euro ressurgit. Faut-il repenser la zone euro ? Recréer un euro/mark avec les pays du Nord, sans les pays du Sud ? La France étant acceptée en son sein, à condition qu'elle mène la politique que Berlin et la BCE lui dicteront. L'euroscepticisme est au moins aussi vivace en Allemagne que dans le reste de l'Europe. Bruxelles n'y a pas bonne presse et la nostalgie du mark est toujours présente. Les classes dirigeantes choisiront finalement de rester dans l'euro, et de ne pas en expulser la Grèce, pour au moins trois raisons.

D'abord, le mark risquerait de s'envoler, non seulement contre les nouvelles monnaies du Sud, mais aussi contre le dollar, le yuan et le yen. Il redeviendrait une valeur refuge. Cela nuirait aux intérêts des exportateurs allemands, qui perdraient des marchés en Europe du Sud, mais aussi dans le reste du monde. Leur intérêt bien compris est d'avoir une monnaie suffisamment forte, mais pas trop forte. Il se dit que les entreprises allemandes, comme les japonaises hier, peuvent absorber une hausse de l'euro jusqu'à 1,60 dollar. Lorsque ce seuil a d'ailleurs été atteint, de discrètes pressions ont été faites sur la BCE, pour qu'elle fasse revenir — sans intervention directe, bien sûr — les cours autour de 1,30 dollar. Un niveau optimal pour les entreprises allemandes.

Ensuite, en cassant l'euro, l'Allemagne aurait perdu tout le bénéfice politique accumulé ces dernières années. Elle serait apparue non plus comme un « professeur » bienveillant, qui explique aux Européens ce qui est bon pour eux et pourquoi ils doivent adhérer à son enseignement, mais comme un destructeur.

Enfin, les Allemands, comme les autres Européens, ont découvert avec effarement un des aspects méconnus des mécanismes complexes mis en place lors de la création de l'euro. Il s'agit de Target 2. Hans-Werner Sinn, président de l'IFO, un des principaux instituts de conjoncture en Allemagne, connu pour ses positions eurosceptiques, a soulevé le voile en 2011, en analysant les bilans des banques centrales de l'Euroland. Pour que les paiements puissent s'effectuer en toute fluidité dans la zone euro, un système unifié de transfert de fonds transfrontalier, baptisé « Target », a été mis en place. Toutes les banques privées — quatre mille quatre cents — y participent[1]. Un Grec achète une Mercedes au concessionnaire local, en émettant un chèque d'une banque grecque. Ce chèque transite par la Banque centrale de Grèce, arrive à la BCE, qui le réexpédie à la Bundesbank qui crédite la banque allemande de Daimler. La Bundesbank a donc, *via* la BCE, une créance sur la Banque centrale grecque, qui en a elle-même une sur la banque privée grecque.

Pendant des années, les déficits des comptes courants des pays du Sud ont été, en partie, compensés par des entrées nettes de capitaux. Celles des touristes, des investisseurs privés, notamment allemands, qui achetaient des biens au soleil, celles des entreprises. À partir de 2009 et du début de la crise de l'euro, les entrées de capitaux dans les pays du Sud se sont transformées en sorties de capitaux. Les Grecs, mais aussi les Espagnols et les Portugais ont placé leurs liquidités à l'étranger, notamment en Allemagne, et les dépôts en provenance de l'étranger se sont taris. Résultat : les déséquilibres sont apparus au grand jour. Les déficits commerciaux de ces pays n'ont plus été compensés par des entrées de capitaux. Bien au contraire. De plus, les intérêts de la dette s'envolent et, avec eux, le déficit des comptes courants. Par conséquent, les banques centrales du Sud se retrouvent débitrices nettes des banques centrales du Nord.

Sans la monnaie unique et sans Target 2, un pays qui ne peut plus financer son déficit courant par des capitaux

1. Tous les flux financiers entre les entreprises et le citoyen de l'Euroland ne transitent pas par Target 2. Les groupes bancaires, les agents privés peuvent effectuer des transactions sans passer par les banques centrales. Ainsi, les banques allemandes avaient d'importantes créances sur les cinq pays de la zone euro en difficulté.

externes n'aurait pas d'autre choix que de dévaluer. À l'inverse, le pays en surplus verrait ses réserves de change s'accroître et sa monnaie s'apprécier. Ce que Hans-Werner Sinn dénonce, c'est que la Buba, et accessoirement ses alliés (Pays-Bas, Finlande et Luxembourg) se retrouvent en 2011 avec des créances, qui sont en fait des prêts, d'un montant de 672 milliards d'euros, sur les pays du Sud et l'Irlande. Dont 465 milliards pour la seule Buba. En face, les pays les plus endettés ont une dette d'un montant équivalent, dont 118 milliards pour l'Irlande, 108 milliards pour l'Espagne, 101 milliards pour la Grèce. Ces montants explosent au cours de l'année 2011 et début 2012. Ils dépassent les 700 milliards d'euros pour la seule Buba. Non seulement les capitaux fuient ces pays (250 milliards d'euros de sorties nettes, au cours du premier semestre 2012, pour l'Espagne). Mais en plus, les banques commerciales, notamment allemandes, ont, dès le début de la crise, considérablement réduit leurs crédits sur ces pays. Target 2 a pris le relais, les anciennes créances des banques se retrouvant ainsi au bilan des banques centrales du Nord, à commencer par la Buba. Un risque effectivement direct pour le contribuable allemand.

Si jamais la Grèce ou l'Espagne, et dans la foulée le Portugal, voire l'Italie, sortaient de l'euro, la Buba devrait passer par pertes et profits la perte de change qui en résulterait. Il ne s'agit pas de dettes bénéficiant de la garantie de l'État, que l'Allemagne pourrait exiger de se voir rembourser en euros et non dans une nouvelle monnaie dévaluée. Dans le cas de Target 2, la perte serait intégralement supportée par la Buba. Il y en aurait pour des centaines de milliards d'euros. Paradoxalement, l'eurosceptique allemand Hans-Werner Sinn fait donc en sorte que l'Allemagne abandonne toute idée de faire éclater l'euro. Cela lui coûterait trop cher. Cela coûterait trop cher à son système bancaire qui n'est pas dans une forme extraordinaire.

Un système bancaire fragilisé

À la source du modèle allemand, il y avait cette imbrication étroite entre les banques et les entreprises industrielles. Les unes finançent, accompagnant les secondes dans leur conquête de marchés extérieurs. Une étroite imbrication rendue possible par la structure régionale de l'Allemagne. En réalité, ce modèle a subi quelques déboires depuis les années 1990. Le système bancaire d'outre-Rhin était articulé autour de trois niveaux. Les grandes banques, telles la Deutsche Bank, la Commerzbank, occupent une position mondiale et ont vocation à travailler avec les grands groupes allemands, ceux du DAX, l'équivalent de notre CAC 40. Deuxième niveau : les banques régionales, généralement détenues par les Länder et les institutions locales. À cela s'ajoutent les quatre cents caisses d'épargne, contrôlées par les collectivités locales. Au total, 45 % du système bancaire allemand est dans des mains publiques. C'est infiniment plus qu'en France. Troisième et dernier étage : les Volksbanks (« banques du peuple »). On n'en compte pas moins de mille cent, à travers le pays. Avec trente millions de clients, elles couvrent 24 % du marché de l'épargne privée. La « banque du peuple » est née au XIXe siècle, autour d'une idée simple : « L'argent du village doit aller au village. » Les Volksbanks financent le Mittelstand, ce tissu de plus de 200 000 PME, qui fait la force de l'industrie allemande. Ces petits établissements mutualistes sont très attachés à leur indépendance et à leur ancrage dans le terroir. Elles gèrent prudemment un total de bilan qui, en cumulé, dépasse 1 000 milliards d'euros. Ce n'est pas négligeable, lorsqu'on sait que le bilan de la première banque du pays, la Deutsche Bank, atteint 2 000 milliards. Les Volksbanks, comme le Crédit mutuel en France, ont su résister aux sirènes de la spéculation financière à court terme. Ce qui n'a pas toujours été le cas des autres piliers du système bancaire allemand.

« Quel est en Europe le système bancaire le plus abîmé, avec une longue histoire de mauvaise gestion, de corruption et de crédits à connotation politique, qui a de surcroît coûté des centaines de milliards d'euros aux contribuables ? » s'interroge le *New York Times*, qui répond : « L'Allemagne ». Ce journal a calculé que les banques allemandes ont bénéficié, de 2008 à 2012, de près de 650 milliards d'euros de prêts de la part des pouvoirs publics. Plus que l'Espagne ou l'Irlande ; bien plus que la France, l'Italie ou la Grèce. Ces injections massives d'argent public ont évité à plusieurs banques régionales de première importance de faire faillite.

Les banques régionales allemandes avaient perdu, en 2005, sous la pression de la Commission européenne, les avantages dont elles bénéficiaient. Notamment, la garantie quasi illimitée de l'État fédéral et des taux de refinancement voisins de zéro auprès de la Buba. Par conséquent, elles ont été incitées à prendre des risques, à multiplier les investissements à l'étranger, et à se spécialiser dans des produits financiers complexes. L'exemple leur venait d'en haut, puisque la Deutsche Bank s'est lancée dans les années 2000 à la conquête du monde et de la nouvelle finance. Son président, Josef Ackermann, Suisse d'origine, se voulait le champion de cette politique, qu'il avait « vendue » à Angela Merkel. La rumeur le présentait même comme « l'homme qui murmurait à l'oreille de la chancelière ». Une chancelière séduite par l'idée que la Deutsche

Bank allait prêter aux consommateurs anglo-saxons l'épargne des Allemands pour qu'ils achètent les produits *made in Germany*. Un processus qui n'est pas sans rappeler le recyclage mis en place entre la Chine et les États-Unis. Le vendeur prête à l'acheteur de quoi lui acheter ses produits. Malheureusement, la Deutsche Bank et quelques-unes de ses homologues se sont laissé prendre au jeu de cette *casino society*, développée par les Anglo-Saxons. Elles n'ont pas été les dernières à se bourrer de *subprimes*.

Après la chute de Lehman Brothers, l'État allemand a dû intervenir massivement pour sauver ses banques. La première, en juillet 2007, fut IKB. La Dresdner Bank sera vendue à la Commerzbank. La Deutsche Postbank est rachetée par la Deutsche Bank. Hypo Real Estate est sauvée, moyennant cinquante milliards d'euros de recapitalisation. Dix milliards doivent être injectés dans la Bayern Landesbank, propriété de l'État bavarois. Les pertes des banques allemandes représentent 10 % de leurs actifs. À elles seules, elles cumulent 40 % des pertes totales des banques de la zone euro. Un des plus grands succès d'Angela Merkel et du patronat allemand aura été de masquer l'intervention massive du contribuable allemand, pour sauver la face du secteur bancaire, non seulement malade de sa mauvaise gestion, mais profondément vicié de l'intérieur. On ne compte plus les affaires de corruption. Comme aux États-Unis, le système financier pourrit par la tête.

La Deutsche Bank et ses homologues n'ont plus, avec le tissu industriel, les mêmes relations qu'auparavant. Elles sont sorties des grands groupes du DAX favorisant, du même coup, l'internationalisation de leur capital. Les investisseurs étrangers possédaient en 2012, en moyenne, 58 % du capital des 24 entreprises du DAX. En 2005, ce pourcentage n'était que de 44 %. Plus de 80 % du capital des grandes sociétés est flottant. L'ère de Deutschland AG, où les entreprises allemandes étaient étroitement contrôlées par la Deutsche Bank et par l'assureur Allianz, est révolue. Les trois quarts du capital de Bayer, d'Adidas ou de Merck sont détenus par l'étranger. Les deux tiers pour Daimler, Linde ou Allianz. Les fonds de pension et institutionnels américains posséderaient 20 % des actions des entreprises du DAX.

C'est là un des changements majeurs intervenus sous Angela Merkel. Cette internationalisation de leur capital pousse les grands groupes allemands à bâtir des stratégies pour leur seul profit et celui de leurs actionnaires. Ce sont les entreprises moyennes, familiales, les fondations qui représentent désormais les intérêts du Standort Deutschland. Peut-il y avoir à terme un conflit entre ces multinationales et le tissu de PME ; entre, d'une part, des grands groupes de moins en moins allemands, et d'autre part, des syndicats et un tissu industriel, attachés à un modèle qui privilégie les emplois qualifiés et la valeur ajoutée sur le territoire allemand ? Pour le moment, il n'en est pas question. Tout le monde tire dans le même sens et un ménage relatif a été fait dans les banques. Quelle est l'ampleur des pertes potentielles encore contenues dans le bilan des établissements financiers allemands ? C'est un des secrets les mieux gardés du pays. Les Allemands ne veulent pas laisser à d'autres qu'eux-mêmes le soin de plonger dans les arcanes de leurs banques. D'où leur très grande réticence à l'égard d'une union bancaire européenne dont la supervision leur échapperait.

Chaque fois que l'on a tenté à Bruxelles, Paris, Rome ou ailleurs d'imposer une approche communautaire, collective à l'Allemagne, elle s'est cabrée. Le professeur n'aime pas que les élèves contrôlent son travail. L'Allemagne est européenne... dès lors que les Européens suivent ses prescriptions. S'il leur vient à l'esprit de proposer des mesures qui, non seulement n'entrent pas dans le dogme de l'ordo-libéralisme, mais de plus risquent de nuire aux intérêts bien compris du Standort Deutschland, alors Berlin fait tout pour les bloquer.

Un intense lobbying en Europe

« L'Allemagne parle aujourd'hui du projet européen, comme le faisait la France avant la réunification allemande. Elle le vit comme un prolongement d'elle-même. » Cette analyse de Dominique Moïsi[1] est particulièrement pertinente. Avant-hier, la construction européenne était l'affaire des Français. Nos fonctionnaires, de qualité, peuplaient les diverses directions à Bruxelles. Les grands pays avaient deux commissaires et, avec un nombre restreint de participants, la diplomatie française parvenait à pousser ses idées. Le projet européen était alors, pour la France, ou plutôt pour ses élites, la poursuite de ses ambitions par d'autres moyens. L'Allemagne, divisée, encore traumatisée par la Seconde Guerre mondiale, suivait cahin-caha. On a vu qu'à travers la monnaie et les succès de son économie elle était, au fil des ans, devenue un co-acteur de la construction européenne.

Avec la réunification, l'élargissement et l'affaiblissement de la France, elle s'est transformée en acteur principal. Les instances européennes ne sont plus qu'un gigantesque patchwork. Les Français ont peu à peu abandonné leurs positions dominantes dans l'administration bruxelloise. Ils

1. Dominique Moïsi, « L'Allemagne, une seconde France », *Les Échos*, 23 juin 2012.

ont été remplacés, soit par des hauts fonctionnaires britanniques, très efficaces pour promouvoir la vision libre-échangiste, soit par des représentants des nouveaux venus dont la plupart n'ont pas grand-chose à refuser à l'Allemagne. Bruxelles est donc devenue un mélange parfois détonnant de tenants de l'ultra-libéralisme, pour qui l'Europe n'est qu'une zone de libre-échange où tout doit être mis en concurrence. D'où l'abandon de toute idée de préférence communautaire, de politique industrielle, de champions européens, de protection. Et de partisans de l'ordolibéralisme, pour qui l'espace européen doit s'organiser autour du modèle allemand. Sur le plan tant économique que politique.

On ne dira jamais assez combien l'élargissement a affaibli les positions de la France, mais aussi celles des pays du Sud. Lorsque Nicolas Sarkozy et son conseiller Henri Guaino tentent de relancer l'idée d'une Union pour la Méditerranée, où les pays du Maghreb auraient pu, à terme, être le pendant de la Mitteleuropa, Angela Merkel y met, bien vite, le holà. L'élargissement à la Mitteleuropa servait l'industrie allemande. Une extension de l'Europe vers le sud n'a d'intérêt que pour la France. Que l'ensemble de l'Europe paie pour l'élargissement à l'est, oui ; qu'elle finance, en partie avec de l'argent allemand, l'autre rive de la Méditerranée, non. Sur ce dossier, comme sur d'autres, l'Allemagne a été suivie par la plupart des autres membres de l'Union européenne. Rien d'étonnant à cela. Angela Merkel est une voyageuse infatigable. Avec ses ministres, elle tourne dans la Mitteleuropa, attentive aux demandes des gouvernements, sensible aux remarques des chefs d'entreprise[1]. Elle y vend l'Allemagne, son modèle, et

1. Selon Frédéric Lemaître, Angela Merkel a effectué, de 2007 à juin 2013, 274 déplacements à l'étranger : 168 en Europe, 59 en Asie, dont

attend un retour sur investissement : un soutien dans les instances européennes. Aujourd'hui, Berlin veut aller encore plus loin dans l'élargissement en proposant à la Géorgie, à la Moldavie, et surtout à l'Ukraine d'intégrer l'Union européenne. Elle ferait ainsi d'une pierre plusieurs coups. Le tropisme vers l'est de l'Union serait accentué et le poids de l'Allemagne renforcé. La volonté de la Russie de reconstituer l'ancienne URSS serait bloquée, ce qui ne serait pas pour déplaire à Washington. Enfin, en intégrant ces pays, surtout la partie occidentale de l'Ukraine, elle offrirait à ses industriels un nouveau réservoir de main-d'œuvre bon marché.

Ce lobbying très actif s'accompagne de la mainmise sur les différentes instances qui pilotent l'économie de l'Europe. Non seulement la France abandonne les postes clés, mais elle perd aussi ceux occupés sinon par des alliés, du moins par des personnalités francophiles. Jean-Claude Juncker, le Luxembourgeois qui présidait depuis des années l'Eurogroupe, a été remplacé par un Néerlandais, qui sera assisté d'un Autrichien. Un Finlandais, Olli Rehn, surveille, comme commissaire aux affaires économiques et monétaires, les politiques budgétaires des États. Il a pour adjoint un Allemand, ancien de la BCE. Un autre Allemand dirige le mécanisme européen de stabilité (MES), qui distribue les aides aux États en difficulté. La Banque européenne pour la reconstruction et le développement (BERD) est désormais dirigée par un Allemand. Tout comme la Banque européenne d'investissement. Certes, Mario Draghi, qui a remplacé Jean-Claude Trichet à la tête de la BCE, est un Italien. Il a réussi, avec la complicité de Mario Monti, fin connais-

6 en Chine, 29 en Amérique du Nord, 11 en Afrique, 7 en Amérique latine (« Diplomatie : la nouvelle doctrine allemande », *Le Monde*, 31 mars 2013).

seur des arcanes européens, à faire accepter par l'Allemagne une injection massive de liquidités, pour sauver — provisoirement — la zone euro. Il est vrai que les banques allemandes ont largement profité de cette manne. Mario Draghi est un tacticien habile, comme Angela Merkel. Il sait qu'il ne peut pas multiplier les sujets de friction avec elle. Il sait jusqu'où ne pas aller trop loin. Depuis le départ de Jean-Claude Trichet, le poids de la France, au sein de la BCE, est le même que celui du Portugal ou de l'Espagne.

Deux postes clés de l'appareil bruxellois ont, eux aussi, basculé dans les mains allemandes. Celui de chef de cabinet du président de la Commission et celui de secrétaire général du Conseil de l'Union européenne. Un poste hautement symbolique, occupé jusqu'alors par Pierre de Boissieu, personnage historique de l'eurocratie bruxelloise. Il a été remplacé par Uwe Corsepius, le conseiller d'Angela Merkel pour les questions européennes et la politique économique et financière. Prochaine étape dans cet assaut contre ce qui reste de l'influence française : Strasbourg. Les traités stipulent que le Parlement européen siège alternativement à Bruxelles et à Strasbourg. Chaque semaine les parlementaires font donc la navette entre les deux villes. Une situation fatigante pour eux et coûteuse pour les finances européennes. Un parlementaire britannique a pris la tête d'une croisade pour que le Parlement ait un seul siège : Bruxelles[1]. Lors d'un vote indicatif, il a obtenu de ses collègues une majorité de 483 voix pour le déménagement contre 141. Certes, on offrirait quelques compensations à la France : le siège de Strasbourg serait cédé à une université dont les coûts de fonctionnement seraient

1. Il est aidé par deux cabinets anglo-saxons de lobbying payés au pourcentage des économies réalisées en cas de transfert du siège.

assumés par les services de Bruxelles. Mince consolation, eu égard à la perte d'image pour la France qui n'hébergerait plus aucune instance européenne.

Des « nein » à répétition

L'Allemagne se sent suffisamment puissante pour bloquer toute décision européenne qui lui serait par trop défavorable. Le sociologue allemand Ulrich Beck a décrit dans un petit essai au titre provocateur, *Non à l'Europe allemande*, la tactique de celle qu'il a surnommée Merkiavel. « Le potentiel de pression dont dispose l'Allemagne n'est pas issu de la logique de guerre, mais de la menace d'effondrement économique. La stratégie du refus — ne pas investir, ne pas mettre à disposition des crédits ou des fonds —, ce « non » utilisé sous des formes multiples est le levier central de la puissance économique allemande[1]. » Ulrich Beck explique que, pour une bonne partie de l'opinion allemande, les pays latins ont besoin d'une sorte de rééducation, comparable à celle que les Wessis ont infligée aux Ossis, après la chute du Mur. Ce « *nein* », Berlin l'a exprimé sur plusieurs dossiers d'importance.

La Commission européenne voulait imposer de nouvelles règles pour le label *made in*. Actuellement, le pays où a eu lieu la dernière étape importante de transformation est considéré comme le pays d'origine. Toute l'industrie allemande, notamment les constructeurs automobiles, joue sur cette définition. Une voiture composée à plus de 80 % de

1. Ulrich Beck, *Non à l'Europe allemande. Vers un printemps européen ?*, trad. N. Huet, Autrement, 2013 (repris dans J.-P. Chevènement, *1914-2014*, *op. cit.*)

pièces d'origine étrangère, assemblée en Allemagne, est considérée comme *made in Germany*, ce prestigieux label, symbole de la *Deutsche Qualität*. Le projet de la Commission, destiné à l'origine à lutter contre le dumping chinois, prévoyait de conserver l'appellation d'origine aux produits, dont 45 % au moins de la valeur auraient été fabriqués dans le pays. Tollé des industriels allemands ! Le projet est, pour le moment, enterré. Par la volonté de Berlin qui a mobilisé ses alliés.

Au nom de la lutte contre les gaz à effet de serre, les instances européennes (le commissaire à l'Environnement et le Parlement) avaient mis au point de nouvelles règles pour limiter les émissions de CO_2 des voitures à 95 g/km. Des normes qui gênent particulièrement BMW et Mercedes dont les modèles figurent parmi les plus polluants. Une fois de plus, Angela Merkel s'est directement investie, ce qui fait dire à un diplomate européen : « On a l'impression que, sur certains dossiers, l'Allemagne a un droit de veto, qui n'est pas explicitement mentionné dans les traités. » Grâce à l'appui de ses alliés de l'Est et du Royaume-Uni, le projet a été repoussé à des jours meilleurs. Un sérieux revers pour les deux constructeurs français et pour Fiat, qui, eux, sont spécialistes de petites voitures peu polluantes.

Certains ont lié l'activisme de la chancelière sur ce dossier à un don de 690 000 euros à la CDU, par la famille Quandt, qui détient 46,7 % de BMW[1]. Un don, justifié selon la famille, par « la politique très réussie de la chancelière pour surmonter la crise de l'euro ». Angela Merkel a été qualifiée d'« autochancelière » par le quotidien économique *Handelsblatt*, pour qui « aucune autre branche indus-

1. En Allemagne, les dons aux partis politiques sont autorisés sans limite à condition d'être rendus publics.

trielle ne bénéficie d'un tel accès au pouvoir ». On aurait pu en dire autant de son prédécesseur, tant Gerhard Schröder a favorisé Volkswagen. Angela Merkel a également pesé de tout son poids pour que la Cour de justice de l'UE valide une loi qui protège Volkswagen de toute OPA hostile. La Commission voulait, au nom de la libre concurrence, que l'État de Basse-Saxe, qui détient 20 % de Volkswagen, renonce à son droit de veto sur toutes les grandes décisions. Or la loi Volkswagen fait l'objet d'un consensus en Allemagne. Grâce à son lobbying, Berlin a obtenu que la Cour de justice désavoue la Commission.

Cavalier seul dans l'énergie

Il est, en revanche, un secteur qui ne bénéficie pas des mêmes attentions de la part du pouvoir : les producteurs d'énergie. Sans doute parce qu'ils ne figurent pas parmi les grands contributeurs à l'excédent commercial. Sans doute aussi parce que la stratégie mercantiliste de l'Allemagne implique une politique énergétique réaliste, pour ne pas dire cynique. D'aucuns voient dans l'abandon du nucléaire et l'engouement pour les énergies renouvelables, éoliennes et photovoltaïque, un hymne à l'énergie propre et sans risques. Un modèle à suivre. C'est là une lecture simpliste des choses. On a vu, sur bien d'autres dossiers, que la dimension environnementale était à géométrie variable et fonction des intérêts de l'industrie. Certes, Angela Merkel a gardé de son passé une fibre écolo sur le dossier nucléaire. Elle n'y a jamais été favorable. Tout comme la majorité de la classe politique. Cette énergie n'a pas bénéficié du même consensus qu'en France. Pour des raisons historiques, les énergéticiens allemands ne maîtrisent pas l'ensemble de la filière. Ils sont dépendants des technologies des autres, notamment de la France, et ont besoin de l'usine de La Hague d'Areva, pour recycler leurs déchets. Siemens a été, pendant longtemps, un actionnaire minoritaire du français Framatome, filiale d'Areva. Le groupe avait caressé un instant l'espoir d'entrer dans le capital d'Areva et — qui sait? — d'en prendre un jour le contrôle. C'était l'époque où Siemens espérait aussi mettre la main sur Alstom. Les deux opérations capotèrent. Sorti du groupe français en 2009, Siemens envisagea un instant de s'allier avec le russe Rosatom. Mais ses dirigeants avaient, en réalité, déjà tiré un trait sur le nucléaire, afin de se repositionner sur les énergies renouvelables.

Angela Merkel avait déjà annoncé un début de fermeture des centrales nucléaires en 2009. L'accident de Fukushima lui donne l'occasion d'accélérer le processus. Sans aucune concertation avec ses partenaires européens, elle décide, en mars 2012, que toutes les centrales nucléaires devront être fermées d'ici à 2022. Les énergies renouvelables devant prendre le relais et représenter, en 2030, 50 % de l'électricité produite outre-Rhin contre 23,4 % en 2013. Pour accélérer ce redéploiement, le gouvernement multiplie les subventions à ceux qui s'équipent en panneaux solaires ou en éoliennes. En outre, la loi oblige, comme en France, les réseaux à acheter l'électricité renouvelable produite à des prix bien supérieurs aux coûts de production de l'électricité thermique ou nucléaire. Avec une double conséquence. D'une part, les subventions s'envolent : 24 milliards d'euros en 2013. Le ministère de l'Environnement allemand a dû reconnaître que le coût total représenterait, en cumulé, 2 000 milliards d'euros d'ici à 2040. D'autre part, le prix de l'électricité pour les consommateurs, notamment les ménages, ne cesse d'augmenter : plus 33 % en cinq ans, et on prévoit une nouvelle hausse de 50 % d'ici à 2020. D'ores et déjà, le prix du kilowattheure allemand est le plus élevé d'Europe : le double du tarif français.

Les choix énergétiques unilatéraux de l'Allemagne comportent d'autres effets pervers. L'électricité renouvelable ne se stocke pas. Elle dépend des conditions climatiques. On produit à des moments où l'on n'a pas forcément besoin de kilowattheures : ainsi, les périodes de pointe, en hiver, se situent quand il fait nuit. Pas de soleil, pas d'électricité photovoltaïque. Il faut donc avoir en réserve des centrales que l'on actionne, en cas de besoin. Des centrales thermiques, à gaz, pétrole ou charbon. Or ces centrales fonctionnent peu d'heures et ne sont donc plus rentables. Par conséquent, les énergéticiens allemands ferment les centrales à gaz. Avec, accessoirement, un avantage pour la balance commerciale : moins d'importations de gaz russe.

Dernier paradoxe et non des moindres de cette politique, l'électricité allemande est désormais une des plus polluantes d'Europe en contenu de CO_2. Pour faire face à la baisse tendancielle du nucléaire, à la fermeture de beaucoup de centrales à gaz, les énergéticiens allemands font désormais appel au... bon vieux charbon. De loin l'énergie la plus polluante. Quelque 45 % de l'électricité allemande proviennent du charbon, dont 26 % du seul lignite. Le contenu en CO_2 du kilowattheure allemand est cinq fois plus élevé que celui du kilowattheure français. Lorsqu'ils sont accusés d'être des pollueurs, de grands énergéticiens allemands expliquent qu'ils ne peuvent pas faire autrement, coincés qu'ils sont entre la décision de sortie du nucléaire, les subventions au renouvelable et leurs impératifs de rentabilité.

Cet inconvénient, cette contradiction sont parfaitement assumés au sommet du pouvoir. En termes de *realpolitik*, le mix énergétique allemand offre d'incontestables avantages. D'abord, Berlin a fait un pied de nez à la France. Ses centrales nucléaires ne fourniront plus à terme de chiffre d'affaires à l'usine de La Hague. Grâce aux nouvelles centrales à charbon, très compétitives, la France est désormais importatrice nette de kilowattheures en provenance d'Allemagne[1]. Ensuite, le charbon est produit en Allemagne ou importé des États-Unis. En termes géopolitiques, nul doute qu'Angela Merkel préfère importer du charbon américain, plutôt que du gaz russe. Enfin, le développement des énergies renouvelables est un atout dans les relations avec Beijing.

Les industriels chinois de panneaux solaires, sous perfusion de l'État, ont pratiquement éliminé leurs concurrents occidentaux. Aux États-Unis, comme en Europe. Le développement du photovoltaïque, à coups de subventions publiques, notamment en Allemagne, se révèle une manne formidable pour les groupes chinois. Ceux-ci ont pris, en six ans, les deux tiers du marché mondial. En 2012, le commissaire européen, Karel De Gucht, est saisi d'une plainte d'un certain nombre d'industriels européens, conduits par une entreprise allemande, SolarWorld. Ils accusent les Chinois de dumping et d'être responsables de faillites en chaîne, entraînant 15 000 suppressions d'emplois en Europe, dont 10 000 en Allemagne. Après un an de dialogue de sourds avec Beijing, la Commission décide, au printemps 2013, d'instaurer une taxe de 40 % sur les panneaux solaires chinois.

1. Les centrales nucléaires françaises tournent en continu et fournissent de l'électricité bon marché à toute l'Europe durant la journée. Le soir, lors des pointes, EDF importe — au prix fort — les kilowattheures allemands produits dans les centrales au charbon.

Protestation véhémente de la Chine, qui engage de son côté des mesures de représailles. Elle augmente les taxes sur quelques produits importés, notamment dans la chimie, les Allemands ayant un traitement de faveur. Elle lance des enquêtes sur le vin européen, essentiellement français. La fin de ce bras de fer sino-européen va se jouer en mai 2013. Li Keqiang, le nouveau Premier ministre chinois, est en visite à Berlin. Angela Merkel le reçoit, le 26 mai, dans le cadre privilégié du château de Meseberg, réservé aux hôtes de marque. François Hollande, lui, n'a pas encore eu l'occasion d'en fouler les tapis. La chancelière annonce qu'elle est opposée aux propositions de sanction de la Commission et qu'il faut trouver « une solution par la discussion et ne pas tomber dans une sorte de confrontation avec Beijing ». Aussitôt dit, aussitôt fait, la diplomatie allemande se déploie. Elle est appuyée par treize pays de l'Europe : la majorité. Le commissaire européen renégocie en catastrophe un compromis avec les Chinois. Celui-ci prévoit l'instauration d'un prix minimum, qui ne gêne en rien les industriels chinois. Hurlements des Américains, qui ont engagé la même procédure contre Beijing. Ils accusent l'Europe de capitulation et d'avoir rompu la solidarité transatlantique sur ce dossier.

L'Allemagne d'Angela Merkel ne peut rien refuser à la Chine. Lors de sa visite à Berlin, son premier déplacement à l'étranger, Li Keqiang fait part de son rêve : celui d'une *dream team* économique sino-allemande. Annonçant que la Chine veut ouvrir son économie, mais « de préférence à l'Allemagne ». Vue de Chine, l'Europe, c'est l'Allemagne. Angela Merkel s'y rend au moins une fois par an, pour y faire la promotion des matériels allemands, à commencer par celle des Airbus. Des Airbus, dont elle a oublié, comme ses interlocuteurs chinois, qu'ils sont autant français qu'allemands.

Le marché chinois est devenu vital pour l'économie allemande. Plus seulement pour y vendre des machines-outils, des Audi ou des Airbus, mais aussi pour utiliser la Chine comme une zone de sous-traitance. Si Angela Merkel a allègrement sacrifié SolarWorld et les fabricants de panneaux solaires, c'est tout simplement parce que Siemens préfère désormais intégrer ces panneaux chinois peu chers dans ses installations photovoltaïques, qu'elle installe clés en mains. On a vu que les entreprises allemandes accompagnent leurs fournisseurs chinois dans leur relocalisation dans le centre de la Chine. Siemens y trouve, par ailleurs, son compte, puisque l'entreprise est le premier bénéficiaire de la rénovation du réseau ferré russe et des ex-Républiques soviétiques, qui reprend le tracé de la route de la soie, pour acheminer les marchandises de Chine vers l'Allemagne.

L'Allemagne puissance agricole... et militaire

Maintenir un niveau d'exportation très élevé oblige l'industrie allemande à investir des secteurs qui ne figuraient pas hier parmi ses domaines d'excellence. Tout a été fait pour que la nouvelle Allemagne développe non pas l'agriculture mais son industrie agricole, agroalimentaire, afin qu'elle devienne un important contributeur de la balance commerciale. Avec un habile mélange de subventions, y compris européennes, d'investissements dans les énergies durables et d'utilisation d'une main-d'œuvre étrangère sous-payée.

Avant-hier propriété des junkers prussiens, hier de l'État communiste, les grandes exploitations des plaines du Nord et de l'Est ont été privatisées, modernisées. Les agriculteurs ont misé sur l'agriculture biologique et se sont assuré des revenus récurrents, en reconvertissant une partie de leurs terres dans des matières premières agricoles nécessaires à la fabrication de biogaz. Ces grandes exploitations agricoles ont appliqué, pour la viande, notamment le porc, la même stratégie, les mêmes règles de productivité, que l'industrie : importation de produits peu chers de l'étranger, création de valeur ajoutée à la ferme, puis réexportation. C'est ainsi que l'industrie porcine allemande est devenue plus compétitive que la française. Ce sera le cas, demain, pour les ovins et les bovins[1].

Autre secteur qui est l'objet des soins attentifs de la chancelière : l'armement. Un numéro du *Spiegel* de décembre 2012 la présentait à la une du journal, en tenue de parachutiste, sur fond de tanks, de navires et d'avions de chasse. Titre général : « Des armes allemandes pour le monde ». Tout un programme ! Lentement, discrètement, mais sûrement, l'Allemagne est devenue un des principaux exportateurs d'armes du monde, derrière les États-Unis et la Russie, mais désormais au même niveau que la France, le Royaume-Uni et Israël. Sur la période 2006-2010, elle a pris 11 % du marché mondial (7 % pour la France), grâce notamment à la vente de centaines de chars Leopard à la Turquie et à la Grèce. Ce qui n'a pas arrangé les comptes de ce pays ! Les points forts allemands : les sous-marins, les frégates, les engins blindés, les chars, les missiles antichars, les fusils, etc. L'Allemagne vend tous azimuts (Indonésie, Algérie), avec une prédilection pour le Moyen-Orient (Arabie saoudite, Émirats,

1. Pour les exportations de fromage, l'Allemagne est maintenant passée devant la France.

Qatar). La compétition est frontale avec la France. Ainsi, Berlin a interdit à Mercedes de vendre des châssis de véhicules blindés aux groupes français Nexter et Lohr, sous prétexte que cela pouvait gêner d'éventuelles ventes allemandes. Berlin mise également sur les hélicoptères d'Eurocopter. Avec un désir à peine caché : avoir de plus en plus de pouvoir sur cette filiale d'EADS.

Au niveau de la maison mère, ce processus est en bonne voie. Il y a un quart de siècle, le poids de la France y était supérieur à celui de l'Allemagne. Avec la création d'EADS, elle a accepté une parité. Aujourd'hui, le rouleau compresseur allemand est à l'œuvre. Jour après jour, le centre de gravité se déplace de l'autre côté du Rhin. Avec la réorganisation des activités d'EADS, Cassidian, la branche Défense du groupe, a été fusionnée avec Astrium, spécialisé dans les satellites et les lanceurs. La nouvelle division, baptisée Airbus Defense and Space, a son siège à Ottobrunn, près de Munich. Son patron est allemand ainsi que son directeur financier. Ils chapeautent l'ancien patron d'Astrium, le Français François Auque. Petit détail : Astrium fabrique les missiles balistiques de la force de frappe française.

Les dirigeants français se réfugient derrière une fiction : celle d'un Airbus où la France jouerait toujours les premiers rôles. Ils en veulent pour preuve la décision du nouveau patron, Tom Enders, qui a remplacé Louis Gallois, de transférer le siège social d'EADS à Toulouse et de baptiser désormais EADS, Airbus. Il est vrai qu'Angela Merkel a fait part, en tête à tête, de son mécontentement à propos du transfert du siège. Il est vrai aussi qu'à travers cette décision Tom Enders a voulu manifester une certaine indépendance et faire prévaloir l'intérêt supérieur de l'entreprise. Il se considère plus comme un manager à l'anglo-saxonne que comme un patron à l'allemande.

Pour la chancelière, la vengeance est un plat qui se mange tiède. Lorsque Tom Enders a voulu conclure un grand accord avec le britannique BAE, elle a mis son veto. Cette fusion aurait déplacé le centre de gravité d'EADS vers l'Angleterre et surtout les États-Unis. En outre, l'influence des gouvernements français et allemand aurait été considérablement réduite. Avec Airbus, puis EADS, l'Allemagne mène une stratégie à très long terme. Elle s'était mise dans le sillage des Français, pour récupérer une crédibilité, une légitimité, une respectabilité, dans des secteurs dont elle avait été exclue au lendemain de la guerre. Lorsque Lionel Jospin et Dominique Strauss-Kahn acceptent, en 1998, une fusion à parité au sein d'EADS, les Allemands ont interprété ce cadeau comme la reconnaissance par les Français qu'à terme plus ou moins rapproché ils récupéreraient le leadership de l'ensemble.

La mort prématurée de Jean-Luc Lagardère, le désintérêt et l'incompétence de son héritier, les palinodies des pouvoirs publics français ont accéléré le processus. L'Allemagne allait enfin empocher la mise, c'est-à-dire mettre *de facto* la main sur le groupe, ses avions, ses hélicoptères, ses fusées. Il était hors de question qu'un manager, fût-il allemand, s'autonomise et dilue le pouvoir des actionnaires d'origine à l'occasion d'une fusion qui aurait fait la part belle aux grands fonds d'investissement anglo-saxons. Angela Merkel, qui connaît parfaitement les dossiers techniques, entend qu'Airbus continue de s'intégrer dans la stratégie mercantiliste de son pays. Une stratégie qui passe désormais par l'élargissement de l'offre du *made in Germany*. L'agroalimentaire et l'armement permettent d'améliorer les soldes commerciaux vers des pays où l'Allemagne avait structurellement des déficits. Les ventes d'armes dans le Golfe compensent les importations de pétrole.

13

Étendre l'hinterland au monde

Cette nouvelle stratégie de l'Allemagne se retrouve dans l'analyse des flux commerciaux, qui ont été redéployés depuis la crise. Les excédents allemands ne se font pratiquement plus sur l'Europe, mais sur le reste du monde. En 2007, l'excédent annuel de près de 200 milliards se décomposait ainsi : 35 % sur la zone euro ; 30 % sur le reste de l'Europe et 35 % sur les autres pays. En 2012, pour un excédent qui a retrouvé peu ou prou les niveaux de 2007, la décomposition était la suivante : zone euro 5 %, autres pays européens 21 %, reste du monde 74 %. Par rapport à 2007, le solde commercial allemand sur l'Union européenne a diminué de 77 milliards d'euros et il a augmenté de 70 milliards sur le reste du monde. Parallèlement, l'Allemagne a fortement augmenté ses importations non pas tant de la zone euro, mais du reste de l'Europe, de son hinterland. Mais les plus fortes progressions des importations allemandes viennent aussi de Chine et de l'Afrique.

La France et le Royaume-Uni ont décroché en tant que fournisseurs privilégiés de l'Allemagne. Olivier Passet, dans son étude Xerfi[1], note que « les pays de l'hinterland

1. O. Passet, « L'UE, plateforme de production de l'économie allemande », art. cité.

jouent un rôle toujours plus affirmé dans l'approvisionnement allemand ». L'Allemagne bénéficie ainsi d'un triple avantage : les bas coûts salariaux de cette région ; une fiscalité avantageuse avec des taux d'IS parmi les plus faibles d'Europe ; une flexibilité du change de ces pays qui, pour la plupart, n'ont pas intégré l'euro. La prochaine étape de cet agenda 2020 d'Angela Merkel et de l'industrie allemande est déjà en cours. L'hinterland sera étendu au cas par cas, à la Chine, aux États-Unis, voire à certains pays de l'Europe du Sud, redevenus compétitifs, grâce à la politique d'austérité imposée par Berlin.

L'Allemagne ayant choisi de rester dans l'euro, elle aurait pu se ranger aux idées françaises, notamment celles de François Hollande. Mutualiser les dettes à travers les eurobonds, relancer la croissance en augmentant le pouvoir d'achat chez elle, participer à de grands programmes d'investissement, etc. C'était méconnaître les ressorts profonds qui animent la chancelière, mais aussi la majorité de la classe politique allemande et le monde patronal. L'Allemagne ne paiera pas ! Elle n'a d'ailleurs jamais réellement payé depuis 1945. Ou plutôt, lorsqu'elle a mis la main à la poche, c'était pour obtenir des avantages immédiats et concrets. Elle a payé pour la réunification, et elle paie encore. Aucun gouvernement allemand ne pourra vendre à sa population des transferts financiers massifs vers l'Europe du Sud, au nom de l'idéal européen.

D'abord, parce que les Allemands considèrent que les difficultés des cigales du Sud ne doivent pas être réglées par la cagnotte des fourmis du Nord. C'est pour eux une question de principe. Ensuite, dans le cas d'un saut vers un fédéralisme total impliquant des transferts financiers et une mutualisation des dettes, le coût pour l'Allemagne serait d'environ 200 milliards d'euros par an, soit 8 % de son

PIB. C'est tout simplement impossible. L'Allemagne est riche, mais elle ne peut pas politiquement faire supporter à une population vieillissante un nouvel effort financier équivalant à une seconde réunification.

Madrid, Athènes ou Rome ne valent pas une telle messe. D'autant que les rapports de force au sein de l'Union européenne ont permis à Berlin de gérer la crise de la zone euro, sans avoir réellement à en payer le prix fort. Comment? En imposant une dévaluation interne à ces pays, en éteignant ici et là les incendies à travers la BCE et le MES. Une sorte de mutualisation où la part de l'Allemagne n'est que de 28 %, celle de la France étant de 20 %. Ces mécanismes complexes aboutissent à faire payer par ceux qui sont déjà surendettés une partie des dettes supplémentaires de leurs voisins en difficulté.

Ces politiques de rigueur, inscrites dans le traité budgétaire européen imposé par Berlin et Bruxelles, correspondent à une dévaluation interne, c'est-à-dire à une baisse des salaires et des revenus dans une partie de la zone euro. Une politique de rigueur qui a effectivement freiné les exportations allemandes vers les pays en crise. « L'Allemagne scie la branche sur laquelle elle est assise en imposant l'austérité aux pays du Sud, disait-on à Paris et ailleurs, il faut qu'elle relance l'économie européenne, et desserre le carcan de la rigueur. » Berlin a fait la sourde oreille car cette baisse de la demande à sa périphérie n'a pas gêné finalement une économie allemande, qui avait déjà engagé son redéploiement mondial. À l'est, vers la Chine. À l'ouest, vers les États-Unis. Voilà pourquoi les dirigeants allemands n'ont pas pris au sérieux les avertissements des uns et les menaces des autres.

Le marché unique a permis dans un premier temps le désenclavement des entreprises allemandes d'un marché où la population vieillissait et déclinait. Désormais, l'Allemagne va utiliser la déflation salariale qu'elle impose à la périphérie, pour transformer l'ensemble de la zone euro en base arrière de sa stratégie mercantiliste. Au nom de la bonne gestion.

Les consommateurs qu'elle perd, relativement, à sa périphérie, elle les regagne, ô combien, sur le reste du monde. D'autant que son économie de bazar change de dimension. L'hinterland de la Mitteleuropa peut s'étendre, au cas par cas, au reste de la zone euro. Dès lors que les coûts de production redeviennent compétitifs. C'est le cas pour l'Espagne, dont la balance des comptes courants est redevenue, depuis le milieu de 2013, positive. Le pays — austérité oblige — importe moins, mais il exporte beaucoup plus. À l'intérieur comme à l'extérieur de la zone euro. Le Portugal et l'Irlande suivent le même chemin.

Cette politique de dévaluation interne semble donc porter ses fruits. Pas pour tout le monde, bien sûr. Un Espagnol sur quatre reste au chômage. Les pensions, les salaires ont été rabotés. La pauvreté réapparaît dans toutes les villes et villages. Sans parler de la Grèce. Reste que pour l'Allemagne cette politique a eu d'ores et déjà un impact direct. Les balances Target 2 se sont rééquilibrées. Les créances que la Buba avait sur les pays du Sud se réduisant au fur et à mesure que ces derniers améliorent leurs comptes courants.

Enfin, la zone euro se retrouve avec un excédent très important : 204 milliards d'euros, soit 2 % du PIB, alors qu'il n'était que de 9 milliards d'euros en 2007. Pour Patrick Artus[1], cet excédent croissant de la balance cou-

1. Patrick Artus, « Prévisions financières. Première publication du scénario 2015 », *Natixis, Note mensuelle de la recherche économique*, n° 9, octobre 2013.

rante de la zone euro résulte de trois facteurs : le recul de la demande intérieure et des importations des pays en crise ; la capacité à exporter en dehors de la zone euro pour plusieurs pays (Allemagne, bien sûr, mais aussi Espagne) ; l'insuffisant soutien de la demande intérieure dans les pays de la zone qui ne sont pas en crise. Conséquence mécanique de cet excédent courant : l'euro, à l'automne 2013, remontait vis-à-vis de toutes les monnaies, notamment le dollar. Une situation particulièrement pénalisante pour la France et, à un moindre degré, l'Italie. Notre déficit commercial ne se réduit pas, car nous ne sommes toujours pas compétitifs. Les choses ne vont pas aller en s'améliorant, mauvais climat des affaires en France et hausse de l'euro aidant. L'ajustement en cours dans le sud de l'Europe a une autre conséquence : il libère une masse de main-d'œuvre qualifiée, dont l'économie allemande a le plus grand besoin.

Une immigration qui rapporte

« Nous devons lutter contre la pénurie prévisible de main-d'œuvre spécialisée en nous engageant sur le front de la formation et de la qualification [...] en améliorant l'intégration des migrants sur le marché du travail [...] et en menant une politique d'immigration ciblée permettant de recruter de la main-d'œuvre qualifiée contre le vieillissement de notre société. » En quelques mots, tout est dit. Ces propos de Rainer Brüderle datent d'avril 2010. Depuis, l'Allemagne a développé sa stratégie en matière d'immigration. Un rapport de McKinsey est venu confirmer ce que la classe dirigeante et les chefs d'entreprise savaient déjà. En 2020, il manquera à l'Allemagne deux millions de travailleurs qualifiés. Dans le secteur de l'ingénierie, crucial pour l'exportation, des milliers de postes ne sont pas pourvus. Cette pénurie de main-d'œuvre touche aussi bien les métiers de l'artisanat, les services aux personnes (électriciens, plombiers, etc.) que les emplois très qualifiés dans le high-tech.

L'Allemagne a déjà connu des vagues d'immigration. Il y a une quarantaine d'années, des Turcs étaient recrutés en masse. Avec l'élargissement, les ressortissants de la Mitteleuropa, notamment de la Pologne toute proche, ont fourni les gros bataillons d'immigrés. Avec la crise de la zone euro, on assiste à une troisième vague : celle des jeunes diplômés de l'Europe du Sud. « Dans une zone monétaire unique, où la libre circulation est la règle, il est logique d'assister à des ajustements sur le marché du travail, expliquent les économistes allemands. Lorsqu'il y a un pays qui a un déficit de main-d'œuvre et d'autres qui ont un excès de chômage, il est normal que les chômeurs du Sud viennent occuper les emplois vacants du Nord. »

Ces économistes comparent le marché du travail de la zone euro à celui des États-Unis, où la mobilité de la main-d'œuvre a toujours été la règle. Ils vont même plus loin, prenant l'exemple de l'Italie, où les Italiens du Sud venaient chercher dans l'Italie du Nord les emplois qu'ils ne trouvaient pas dans leur région. À cela on pourrait objecter que les États-Unis, comme l'Italie, ont une langue unique. Ce n'est pas un problème pour les Allemands. Dans le monde de l'entreprise, ils ont fait de l'anglais leur première langue. Ils offrent à ces nouveaux immigrants des formations rapides, afin qu'ils puissent « baragouiner » l'allemand.

Le principe du droit du sol est récent en Allemagne. Jusqu'en 2000, le droit du sang était la règle, et le processus de naturalisation très long. « Le manque de politique d'intégration a renforcé le lien à l'intérieur des communautés ethniques. Les immigrés turcs sont restés turcs », constate une sociologue allemande, Ingrid Tucci[1]. Une politique inverse de celle de la France. « Un enfant d'immigrés maghrébins a plus de chances d'accéder au bac qu'un fils d'immigrés turcs outre-Rhin. » Cette différence est essentielle. La politique d'immigration allemande n'a pas pour objectif l'intégration. Elle est là pour servir les intérêts de l'économie allemande. Avant-hier, on avait besoin des Turcs. Hier, des travailleurs sous-payés de la Mitteleuropa. Aujourd'hui, il faut faire venir les chômeurs qualifiés de l'Europe du Sud, à travers une politique d'immigration choisie. Pleinement assumée.

En 2011, le pays a accueilli 966 000 étrangers. En 2012, 1 080 000. Le solde migratoire (chaque année, beaucoup d'immigrants repartent) était de 279 000 en 2011, de 370 000 en 2012. Il devait atteindre plus de 500 000 en 2013. Des chiffres qui sont à rapprocher du déficit structurel des naissances, qui tourne autour de 200 000 par an. Avec cette politique migratoire volontariste, l'Allemagne entend compenser sa faible natalité et son déclin démographique. Si la Pologne et la Roumanie fournissent encore les gros bataillons d'immigrants, en 2012, 45 000 Italiens se sont installés en Allemagne, 36 000 Grecs et quelque 38 000 Espagnols. Des chiffres en forte progression en 2013. On estime qu'il y a désormais plus de 500 000 employés en Allemagne, originaires des quatre pays du Sud. Un phénomène qui commence à toucher la France, où de jeunes diplômés sont de plus en plus nombreux à passer le Rhin.

1. Ingrid Tucci, « L'entrée sur le marché du travail des descendants d'immigrés : une analyse comparée France-Allemagne », *Revue française de sociologie*, vol. LIV, nº 3, 2013.

Le profil de ces nouveaux immigrants correspond très exactement aux besoins de l'économie allemande. L'Allemagne cherche 200 000 infirmiers. L'Espagne — plan de rigueur oblige — en a licencié 20 000. Dotés d'une excellente formation, ils sont les bienvenus outre-Rhin. Autre profil : des ingénieurs informaticiens, entre vingt-cinq et trente-cinq ans, qui ne trouvent plus d'emploi chez eux. Ils sont recrutés par les groupes allemands qui organisent des forums de recrutement dans les grandes villes du Sud. Ils sélectionnent les candidats, leur assurent une rapide formation linguistique, avant de les envoyer en Allemagne. Cette immigration choisie de personnels qualifiés lui permet de faire coup double. Non seulement ces jeunes diplômés apportent leur savoir-faire et leur créativité, mais en plus ils vont cotiser au système de protection sociale allemand et payer des impôts sur place. C'est une opération *win-win* pour le pays, les jeunes immigrés venant généralement seuls, sans enfants. Ils rapportent, mais ne coûtent pratiquement rien. D'autant que leurs études ont été financées par les contribuables de leur pays d'origine.

Ainsi, une partie de la zone euro vit désormais ce que les pays du tiers-monde ont connu pendant des décennies. L'Italie, l'Espagne, le Portugal ont été des terres d'émigration. Mais c'est la première fois qu'elle touche les gens les plus qualifiés, les cerveaux, à l'image de ces élites africaines, formés aux meilleures universités occidentales, qui se refusaient à revenir travailler au pays. C'est là un péril mortel pour les pays du Sud. En dix ans, 400 000 jeunes Italiens ont quitté leurs pays. Ce rythme s'accélère : ils étaient soixante mille en 2013. Cette émigration des élites est un énorme défi pour la France, dont la politique d'immigration est exactement l'inverse de celle de l'Allemagne. Nous avons opté pour une immigration non choisie, essentiellement d'essence familiale. Depuis des années, voire des décennies, les flux provenaient du regroupement familial. Ils viennent désormais de ce que l'on appelle pudiquement l'intérêt familial. Sur 200 000 cartes de séjour distribuées chaque année, près de 100 000 relèvent de cette catégorie. Cette immigration vient très majoritairement du continent africain. Regroupement familial, mariages arrangés ou non, grossesses. Lorsqu'une étrangère, même en situation irrégulière, déclare sa grossesse sur le sol français, elle ne peut pas être expulsée jusqu'à ce que l'enfant ait seize ans. Pendant toutes ces années, elle va vivoter, bénéficier des diverses aides prévues dans notre système de protection sociale. Cette politique migratoire humaniste, généreuse, coûte fort cher à la collectivité. Sans parler des phénomènes de crispation et de racisme qu'elle engendre dans un pays en crise sociale, économique et identitaire. Les autres cartes de séjour correspondent aux étudiants (60 000) et aux demandeurs d'asile. Dix mille immigrés seulement viennent à titre professionnel, la France ayant, ces dernières années, mené une politique très restrictive.

Le sujet de l'immigration est hypersensible dans notre pays. Depuis plus d'un quart de siècle, il est impossible d'avoir un débat serein sur cette question, en raison du positionnement du Front national, qui a fait de ce thème son cheval de bataille. Toute personne qui aborde le sujet de manière critique est accusée de faire son jeu. De plus, les services de l'État ont bien du mal à cerner les phénomènes migratoires. D'une part, les statistiques ethniques sont interdites, d'autre part, la porosité des frontières aidant, les immigrés clandestins ne sont pas comptabilisés. De même, les statistiques de l'émigration ne sont pas fiables. Le Français, c'est bien connu, n'émigre pas ! C'était vrai hier. Cela ne l'est plus aujourd'hui.

En dix ans, le nombre de Français installés à l'étranger a doublé. Officiellement, 1,6 million de Français sont inscrits sur les registres des consulats. En réalité, il y en aurait un million de plus. Londres est... la cinquième ville française et Shanghai accueille des dizaines de milliers de jeunes Français. Tout comme les États-Unis, le Canada et même l'Australie. Il ne s'agit pas seulement d'exilés fiscaux, puisque la très forte augmentation des départs concerne la tranche des 18-30 ans[1]. Ce sont les jeunes qui partent. Diplômés ou non. Parce qu'ils ne trouvent pas, en France, les emplois qu'ils souhaiteraient. Près de 80 % des diplômés de la promotion 2013 d'HEC ont ainsi quitté la France. Notre pays a désormais un solde migratoire relativement faible, autour de 60 000 par an. Nettement moins que l'Allemagne, avec en plus une différence de taille : avec sa politique d'immigration choisie, l'Allemagne renforce sa compétitivité. La France, avec sa politique d'assistanat, plombe un peu plus la sienne. Nous exportons nos cerveaux et les personnes les plus dynamiques. Nous importons une main-d'œuvre *low cost*. Plus ce mouvement s'accélérera, plus les tensions deviendront vives et feront les beaux jours du Front national.

Une Europe allemande et transatlantique

Pour que son agenda 2020 soit bouclé, il reste maintenant à la chancelière deux grands dossiers à régler : la négociation

1. En 2011, 35 077 foyers fiscaux ont quitté la France contre 21 600 en 2010. Des chiffres qui auraient fortement augmenté en 2012 et 2013. Ainsi, les grandes entreprises délocalisent leurs services financiers hors de France et réduisent les effectifs cadres des sièges sociaux. Paris notamment perd une partie de ses meilleurs contribuables.

transatlantique avec les États-Unis et l'organisation politique de la nouvelle Europe allemande. L'idée d'un grand marché transatlantique n'est pas nouvelle. On peut même se demander si elle ne préexistait pas dans le projet de Jean Monnet, le père de l'Europe. En 1995, le sujet est relancé lors d'un sommet Europe/États-Unis. L'Empire soviétique n'existe plus; l'Allemagne est réunifiée; le processus d'intégration des anciens satellites de Moscou en marche. L'Empire américain est à son summum. Et, avec lui, les idées libre-échangistes. À l'occasion de ce sommet, les participants se mettent d'accord sur un agenda visant à promouvoir un « grand marché transatlantique ».

Avec les attentats du 11 Septembre, le krach boursier et surtout la guerre d'Irak en 2003, l'idée est enterrée. Les relations entre les néo-conservateurs, au pouvoir avec George W. Bush, et les Européens ne sont plus au beau fixe. L'Allemagne de Gerhard Schröder se tourne vers la Russie de Poutine. Le gaz russe contre les biens d'équipement allemands. Avec l'arrivée d'Angela Merkel à la chancellerie, les relations avec les États-Unis se réchauffent. Lors de l'intervention en Irak, elle s'était démarquée de la prise de position de la chancellerie, et même de la CDU. Elle estimait qu'il était irresponsable d'exclure « la force militaire en tant que dernier moyen catégorique. Elle est et restera un dernier moyen dans tout conflit, donc dans celui-là aussi ». Pour soutenir l'attitude des États-Unis, elle y prévoit même un voyage qu'elle annule en raison des élections anticipées de 2005. Devenue chancelière, à la tête d'une grande coalition, elle attendra quelque temps avant de donner son accord à une relance des négociations. En avril 2007, lors d'un sommet États-Unis/Europe, il est décidé la création d'un Conseil économique transatlantique. Apparemment, la classe politique française n'a rien vu venir. Il est vrai que ce sommet intervenait en pleine campagne présidentielle. Jacques Chirac, diminué, est sur le départ. Nicolas Sarkozy n'est pas familiarisé avec ces sujets. Ségolène Royal encore moins.

Deux ans plus tard, le Parlement européen vote, à la quasi-unanimité de ses membres, une résolution appelant à la construction d'un véritable marché intégré à l'horizon 2015. La Commission européenne est à la manœuvre. La majorité des commissaires est persuadée des vertus d'un tel marché. Le lobbying des multinationales n'est pas pour rien dans leur prise de conscience. Pourtant, à cette époque, les Américains sont quelque peu réticents. Au lendemain de la faillite de Lehman Brothers, on ne jure à Washington que par la Chinamérique. Pour Obama, le Pacifique est l'avenir des États-Unis et les relations avec la vieille Europe passent au second plan. Les plus atlantistes des Européens relancent alors l'idée du partenariat, afin d'éviter que les États-Unis ne distendent leurs liens, et oublient l'Atlantique au profit du Pacifique.

À partir de 2011, les tensions avec la Chine entraînent un changement de stratégie, à Washington comme chez les multinationales américaines. Le G2, comme on l'a vu, n'est plus d'actualité. Dès le début de 2012, les services de la Commission européenne remettent le projet transatlantique sur les rails. Discrètement. Les représentants britanniques poussent à la roue, sous l'impulsion de David Cameron. Des réunions de travail se tiennent entre fonctionnaires européens et représentants des multinationales. De janvier 2012 à l'été 2013, il y aura 135 réunions de ce type, avec les représentants de 118 multinationales. La direction générale du commerce, dirigée par Karel De Gucht, est à la manœuvre. En face, l'American Chamber of commerce est omniprésente, ainsi que le lobby des grands groupes européens, European Business.

Fin janvier 2013, lors de la grand-messe annuelle des décideurs du monde entier à Davos, Angela Merkel et David Cameron dévoilent leur jeu, à l'occasion d'un duo devant quelques milliers de personnes. La chancelière est totalement d'accord avec le Premier ministre britannique sur sa conception de l'Europe, dont la priorité essentielle doit être « la compétitivité et le libre-échange ». Elle ajoute que l'Allemagne est également d'accord pour que l'Union européenne signe des traités bilatéraux avec le Canada, le Japon, et « qu'il serait bon d'entamer des négociations avec les États-Unis ». Le 1er février, Allemands et Américains scellent leur accord à l'occasion de la visite à Berlin de Joe Biden, le vice-président. Douze jours plus tard, Barack Obama officialise, dans son discours sur l'état de l'Union, l'ouverture des négociations transatlantiques.

Aussitôt, José Manuel Barroso embraye. Il entend mener les négociations à marche forcée, pour aboutir à la fin de 2014. La date n'est pas choisie au hasard. Elle correspond à la fin de son mandat à la présidence de la Commission. Il espère qu'en récompense de ses bons et loyaux services les États-Unis, l'Allemagne et le Royaume-Uni lui trouveront un nouveau poste à la hauteur de ses capacités : le secrétariat général de l'ONU ou, à défaut, celui de l'Otan. Dès les annonces faites, les campagnes de communication vantent les mérites d'un tel accord. Selon les uns, il pourrait générer 0,5 % de croissance aux États-Unis, 0,7 % en Europe. Selon d'autres, on atteindrait même 1,5 % de chaque côté de l'Atlantique. Avec la création de centaines de milliers d'emplois. Des chiffres qui n'ont aucune valeur scientifique. Comment sont-ils calculés ? Nul ne le sait. Ce qui compte, c'est de marteler un message simple à l'égard d'Européens traumatisés par la crise : transatlantique égale croissance, égale emplois.

La France et ses dirigeants découvrent alors le problème. D'autant que Karel De Gucht explique que tout est sur la table, tout est négociable, notamment l'agriculture et la fameuse exception culturelle à laquelle la France est tant attachée. Tollé des milieux du cinéma qui mobilisent le ban et l'arrière-ban, en France et à l'étranger, pour obtenir que les biens culturels soient exclus des négociations. Ce qui sera concédé du bout des lèvres, par nos partenaires. La porte est apparemment fermée. Mais les négociateurs européens sont prêts à faire rentrer par la fenêtre l'exception culturelle dans la négociation.

Comment expliquer que les plus hautes autorités françaises aient donné le sentiment de découvrir ce dossier au dernier moment ? Première hypothèse : elles mentent. L'administration les a informées, mais elles n'y ont pas attaché d'importance. Il est vrai que l'équipe Sarkozy était en bout de course, en pleine préparation de l'élection. Quant à l'équipe de Hollande, elle avait d'autres sujets de préoccupation. Autre hypothèse : les représentants français à Bruxelles ont été tenus à l'écart, ce qui serait proprement inadmissible. Dernière hypothèse : nos représentants savaient ce qui se tramait. Ils ont rédigé les notes d'usage pour Paris, qui se sont perdues dans les dédales administratifs. L'administration française a profondément changé au fil des décennies. Les nouvelles générations sont convaincues des vertus du libre-échange et très sensibles aux arguments des Anglo-Saxons comme des Allemands. Dès lors, elles n'ont sans doute pas jugé nécessaire de tirer publiquement les sonnettes d'alarme, sur un projet avec lequel elles étaient, sur le fond, en accord. Tout comme elles n'ont rien trouvé à redire sur la négociation avec le Canada. Karel De Gucht et ses services ont fait un « tour de chauffe » en négociant des accords de libre-échange avec la Corée du Sud et le Canada.

Conclu le 16 octobre 2013, l'accord avec le Canada sert de modèle aux discussions avec les États-Unis. Qualifié d'accord de « nouvelle génération », il compte soixante-dix pages et mille annexes, qu'aucun responsable des États membres, aucun parlementaire, et *a fortiori* aucun média n'avait pu consulter au moment de la signature, ni même dans les semaines qui ont suivi[1].

La technostructure bruxelloise s'est bien érigée en superpouvoir. Karel De Gucht, soutenu par José Manuel Barroso, a obtenu du conseil des ministres un mandat, véritable blanc-seing pour négocier avec les États-Unis comme il l'entend... au nom des Vingt-Huit. Nicole Bricq, ministre française du Commerce extérieur, avait souhaité que ce mandat soit rendu public. Elle n'a pas été suivie par ses collègues. Londres et Berlin font d'autant plus confiance au commissaire au commerce que ce sont eux qui ont fixé le cadre de ces accords de libre-échange en fonction de leur idéologie, et surtout de leurs intérêts.

Les multinationales à la manœuvre

Les biens culturels mis provisoirement de côté, les négociations ont commencé. On pourrait croire qu'elles se déroulent entre les représentants désignés par Barack Obama, ceux des États membres et la DG Commerce. En fait, les représentants des États ont été remplacés par... les multinationales. C'est une négociation tripartite. Et même pourrait-on dire bipartisane. Le négociateur américain vient pour des rounds réguliers. Il recadre la négociation.

1. Lire à ce sujet : Jean Quatremer, « L'avenir radieux de la mondialisation », *Libération*, 29 octobre 2013.

On a ainsi appris à l'été 2013 que Washington ne souhaitait pas inclure les services financiers, parce que les États-Unis venaient de procéder à une réforme financière difficile et qu'ils n'avaient pas envie de recommencer. Mais, au jour le jour, la négociation se passe entre les fonctionnaires de Bruxelles et les deux principaux lobbies des multinationales : l'Amcham et Business Europe. Avec une omniprésence des cabinets de lobbying américains. Ce qui les intéresse n'est pas tant la fin des droits de douane (ils ne sont plus que de 3 % dans l'industrie et de 10 % dans l'agriculture), mais l'élaboration de normes communes des deux côtés de l'Atlantique.

Pour les grands constructeurs automobiles allemands, Daimler, BMW et Volkswagen, le marché américain de l'automobile est déjà source de profits. Ils ont implanté des usines modernes. Volkswagen a ainsi investi 4 milliards de dollars dans une nouvelle unité de production dans le Tennessee. BMW a fait la même chose en Caroline du Sud et Mercedes en Alabama. Pour les trois constructeurs allemands, la croissance de leurs ventes aux États-Unis est plus importante qu'en Chine. Volkswagen aura vendu, en 2013, six cent mille voitures (surtout des Passat). Plus de 50 % du segment haut de gamme aux États-Unis est dans les mains des groupes allemands. Pour Mercedes, le marché américain est désormais plus important que l'allemand. Actuellement, ils produisent en Amérique pour l'Amérique. Demain, ils veulent produire en Amérique pour le monde. Ces usines américaines modernisées, avec une main-d'œuvre aux coûts horaires nettement inférieurs à ceux de l'Europe, surtout exprimés en dollars, pourront fabriquer non seulement pour les États-Unis, mais aussi pour le marché européen, voire pour l'Asie. Dès lors que les normes sont les mêmes, ces constructeurs peuvent amortir la production des sous-ensembles et des véhicules sur une très grande échelle. Le coût du transport étant marginal dans le prix d'une voiture, ils envisagent à terme de produire en dollars pour vendre en euros. Les sites allemands perdraient de la valeur ajoutée, mais les actionnaires récupéreraient un surplus de dividendes provenant des États-Unis. Une rente pour une population vieillissante.

Les multinationales américaines veulent obtenir, de leur côté, une simplification des réglementations en Europe. Les pétroliers voudraient avoir les mêmes normes favorables à la fracturation hydraulique pour le gaz de schiste. Les géants de l'agroalimentaire, KFC en tête, souhaitent vendre leurs poulets lavés au chlore sans contraintes. Ocean Spray veut une réglementation sur les pesticides moins contraignante. D'une façon générale, ces grandes entreprises souhaitent moins de textes, moins de lois contradictoires. Ils veulent une uniformisation des normes et règlements, en s'alignant sur les moins contraignants, etc. Ils entendent aussi avoir un droit de regard, et même de veto, sur toute nouvelle réglementation. Que ce soit pour les produits agricoles ou les médicaments. Karel De Gucht, très sensible à leurs arguments, est prêt à accepter la création d'un groupe informel transatlantique, ayant une autorité supranationale, avec un droit de veto sur tout changement de réglementation. Ce Conseil de la réglementation, qui détiendrait un pouvoir exorbitant, serait composé de fonctionnaires irresponsables ne bénéficiant d'aucune légitimité démocratique et de représentants des multinationales dont les intérêts passent avant ceux de la collectivité. De quoi satisfaire les innombrables lobbies qui ne chôment pas à Bruxelles ! À l'automne 2013, le représentant de l'Amcham s'est dit très satisfait de la manière dont les fonctionnaires de la DG Commerce avaient pris en compte leurs suggestions.

Comme il faut bien dans cette négociation transatlantique offrir des contreparties aux Américains, Londres comme Berlin sont prêts à leur donner ce qui ne leur appartient pas, mais qui, en revanche, intéresse les grandes multinationales d'outre-Atlantique : l'agriculture, la santé, les OGM, certains secteurs de l'industrie de Défense, les industries culturelles. Et, surtout, cette nouvelle économie qui gravite autour d'Internet, des réseaux. Aujourd'hui, Amazon, Google, Apple, Facebook, Microsoft, Netflix ont pris la place des General Motors, Ford et même IBM comme emblèmes du nouveau capitalisme américain. Derrière l'accord transatlantique, c'est leur domination, leur monopolec pour les décennies à venir qui se jouent. Barack Obama l'a compris. Dès lors que ces groupes se montrent un peu plus citoyens, paient un peu plus d'impôts dans leur pays d'origine et y rapatrient de la valeur ajoutée, son administration est prête à les aider et à défendre leurs intérêts dans les négociations commerciales internationales.

Le débat sur la culture n'est pas nouveau. Il avait eu lieu il y a vingt ans, lors des négociations dans le cadre du GATT, l'ancêtre de l'OMC. Les Américains, soutenus par un commissaire britannique, Leon Brittan, souhaitaient déjà intégrer les industries culturelles dans les accords de libre-échange. Jacques Toubon et Alain Carignon avaient réussi, avec l'aide de Jacques Delors, alors président de la Commission, à bloquer l'offensive. Les États-Unis avaient proposé un compromis : d'accord pour l'exception culturelle sur les médias d'aujourd'hui, radio, télévision. En contrepartie, le libre-échange serait la règle pour les nouvelles technologies : satellites, câbles, etc. À l'époque, Internet était encore dans les limbes. Les Français ont tenu bon et obtenu la faculté pour un État de légiférer, de financer, de réglementer ses propres industries culturelles. Bloqués relativement sur les contenus, les groupes américains ont attaqué sur les tuyaux. Grâce à Internet, à leurs formidables capacités d'innovation et de financement, Amazon, Google, Facebook et les autres ont pris leur envol. Ils étaient dans le sens d'une certaine histoire. Celle qui veut que l'on passe d'une culture de l'éducation à une culture du divertissement.

Big Brother

Dans une économie où il faut produire sans cesse des biens à l'obsolescence programmée et raccourcie, rien d'étonnant à ce que la culture, prise au sens large, devienne un produit jetable. Plus question de privilégier une culture de l'offre, il faut miser sur une culture de la demande. Internet et les géants américains livrent, chez chacun de nous, cet ersatz de culture mondialisée : « Je peux tout lire, mais je ne sais plus lire. » Les géants du Net ont gagné la bataille des tuyaux. Ce sont des hypermarchés géants à l'échelle planétaire, qui proposent n'importe quel produit, livrable n'importe où, dans un temps record. Des livres, de la musique, des films, des émissions, des collections de tableaux, que l'on peut télécharger gratuitement. Dans la chaîne de la valeur ajoutée, les auteurs, les producteurs de base, les intellectuels ou les artistes n'ont plus que des miettes du festin. Les utilisateurs deviennent même les auteurs, les acteurs, les créateurs... gratuitement. Leurs états d'âme, leurs commentaires, leurs photos nourrissent les pages du Net. Comme il faut bien trouver des recettes, c'est la publicité qui les fournit, à travers ces « pubs », que l'on impose désormais sur les écrans. Pour accéder à l'information, il faut supporter les quelques secondes de clips vantant tel ou tel produit. À la radio, à la télévision, vous pouvez zapper la publicité. Dans la presse écrite, vous pouviez tourner la page. Désormais, sur vos Smartphones, tablettes ou ordinateurs, vous devez la subir.

C'est ce qu'un intellectuel allemand, Hans Magnus Enzensberger, n'a pas craint de qualifier de « terrorisme publicitaire » : « Le principe de base des grands groupes du Net est de ne générer par eux-mêmes aucun contenu. Cette tâche il la laisse à d'autres médias ou bien aux utilisateurs qui leur fournissent gratuitement informations ou détails sur leur vie privée. Ce modèle commercial dépend du financement par la publicité. Ces groupes disparaissent s'ils ne font pas de la retape. Il n'y a pas de moteurs de recherche neutres. Les mises à jour sont trafiquées, les recommandations d'achat falsifiées, les enfants rééduqués en bons petits clients... Qui veut gérer des millions de clients doit collecter leurs données personnelles[1]. »

Ces métadonnées nécessitent la mise en place de gigantesques capacités pour drainer et stocker l'information. Tout naturellement, les intérêts des multinationales du Net ont rejoint ceux des grands organes de sécurité, chargés de veiller aux intérêts des États. Aux États-Unis, les évolutions technologiques aidant, la CIA et le FBI sont passés au second rang. La NSA et ses centres d'écoute planétaire ont pris le pouvoir. Au nom de la lutte contre le terrorisme, ils ont accès aux données du Net. Au nom de la défense des intérêts américains, ils échangent des informations avec les multinationales. Derrière l'alibi de la lutte contre le terrorisme, de la protection des États et des nations contre la criminalité et les cyberattaques, derrière

1. Hans Magnus Enzensberger, « Le terrorisme publicitaire », *Le Monde*, 27 octobre 2013.

les beaux discours sur la transparence et la gouvernance, nous sommes entrés presque sans nous en apercevoir dans le siècle de Big Brother. Une ère où la vie privée ne bénéficiera d'aucune discrétion, d'aucune protection. Mark Zuckerberg, le génial créateur, par ailleurs si antipathique, de Facebook, n'est-il pas convaincu que « l'époque de la sphère privée est bel et bien terminée ». Ce qui fait dire à la médialogue Louise Merzeau que « les personnes n'ayant pas de compte Facebook sont suspectes, car cela signifie qu'elles ont quelque chose à cacher[1] ».

L'objectif d'un accord de libre-échange tous azimuts est d'obtenir que toutes ces données soient accessibles et traitées gratuitement. Par ceux qui sont désormais en position de quasi-monopole : les groupes américains. Car, contrairement aux Chinois, les Européens n'ont pas compris l'importance de ces nouvelles technologies. Depuis quinze ans, ils ont abandonné le terrain aux nouveaux venus de l'Internet et aux fabricants chinois de matériels. La bataille des tuyaux perdue, reste celle des contenus. Les Allemands n'ont pas la même sensibilité que les Français sur ce sujet. Cela tient sans doute au rapport à la langue. En France, il y a, depuis un millénaire, un lien direct entre la langue, la culture et le pouvoir. Qui possède la langue détient la culture, et exerce le pouvoir. Le français a été, en son temps, une langue universelle. Ce qui n'a jamais été le cas de l'allemand, même au temps du Saint Empire romain germanique. N'ayant pas eu de colonies, il n'y a pas eu de germanophonie. Au XIXe siècle, l'Allemagne a connu un foisonnement culturel sans égal. De Hegel à Heine, en passant par Marx et Nietzsche. La

1. Louise Merzeau, « Partager ses secrets en public », *Médium*, n° 37-38, octobre 2013.

musique était allemande autant qu'italienne. Rien d'équivalent au XXe siècle. Le nazisme est passé par là.

En misant délibérément sur le mercantilisme, en privilégiant l'économie et le social, la RFA, puis l'Allemagne réunifiée, a laissé quelque peu en déshérence des domaines qui apparaissent, en revanche, aux Français, essentiels. Le cinéma allemand ne joue plus les premiers rôles ; la musique non plus. Il en est de même de la diplomatie et de la défense. Dans le domaine industriel, ils ont développé leurs points forts, et négligé leurs points faibles. À commencer par tout ce qui relève de l'informatique[1]. Dans ces secteurs, ce sont de bons élèves. Ce ne sont pas des professeurs. Ni des créateurs. Voilà pourquoi ils ne voient pas d'inconvénient à cette répartition des rôles qu'implique un accord transatlantique. Pour eux, laisser aux groupes américains du Net la mainmise sur les métadonnées n'est pas un problème. Permettre à Hollywood d'accaparer la quasi-totalité de la production cinématographique ne leur cause pas de soucis. Les Américains achèteront des voitures ayant le label *Deutsche Qualität*. Les Allemands verront des films *made in USA*. Certes, les révélations sur les écoutes par la NSA ont quelque peu troublé les esprits et perturbent les négociations transatlantiques. Mais les Européens étant incapables de trouver une réponse commune face au pillage des données, les Amazon, Google et autres Facebook sont tranquilles pour quelques années. Ce n'est pas demain que l'Europe lancera un Airbus du Net.

Sur le fond, Américains, Anglais et Allemands sont finalement sur la même longueur d'onde car chacun y trouve

1. Siemens a cédé au français Atos ses activités de services informatiques, en échange d'une participation au capital.

son compte. Pour les États-Unis, un double accord sur les échanges, transpacifique et transatlantique, est un moyen de contrer la Chine, de marginaliser la Russie et de se remettre au centre du jeu mondial. Elle le fait avec des partenaires qui n'ont pas d'ambitions politiques, militaires, idéologiques, ni même culturelles. C'est tout l'intérêt des États-Unis de s'appuyer, à l'est comme à l'ouest, sur des pays mercantilistes. Le G2 ne pouvait pas perdurer, parce que la Chine et les États-Unis ont les mêmes ambitions. Dans tous les domaines. Ce n'est pas le cas avec l'Allemagne, redevenue un empire... dont les ambitions ne font pas d'ombre à l'Oncle Sam.

14

Un *hegemon* qui s'habille en comptable

Derrière la bataille de l'exception culturelle ou plutôt de la reconnaissance de la diversité culturelle, il y a bien deux conceptions de l'Europe. L'une, qui est, depuis des décennies, celle de la France, voudrait que l'Europe se constitue en empire autonome, face aux empires américain et chinois. Qui dit empire, dit attributs de souveraineté d'un empire : monnaie, culture, langue, diplomatie, défense. L'autre conception est celle des Anglo-Saxons. L'Europe n'est qu'un marché, une zone de libre-échange. Les Anglais, qui incarnent cette conception, ont gardé leur monnaie, mais pour ce qui est des autres attributs, ils s'en remettent aux Américains. Les Allemands ont longtemps hésité. Fallait-il, au nom de l'axe franco-allemand, aller dans le sens d'une Europe européenne ? Leur adhésion à l'euro a pu le laisser croire. Après l'euro, il eût fallu construire une défense européenne indépendante. Organiser une diplomatie autonome de celle de Washington. Défendre une certaine idée de la culture. Oser s'affronter, sur tel ou tel domaine, aux multinationales américaines. Bref, penser un empire européen, à côté et face aux autres empires. Ce n'est pas le projet allemand.

Le libéralisme, au cours de l'histoire, a bien souvent débouché sur l'impérialisme. C'est au nom du libre-échange que les Anglais ont envahi l'Empire du Milieu. C'est au nom du libéralisme et de la civilisation que l'on a colonisé. C'est au nom du libéralisme et de la démocratie que les États-Unis ont soutenu, aidé les dictatures les plus sanguinaires au XXe siècle. C'est encore au nom du libéralisme et des droits de l'homme que les Anglo-Saxons et, depuis quelque temps, les Français prétendent imposer la démocratie, au besoin par l'épée.

L'ordolibéralisme est une variante du libéralisme. Avec cependant une différence de taille : il n'a pas de véritable dimension impérialiste. C'est pour l'avoir oublié que le IIe et le IIIe Reich ont sombré. Pour John Adams, le second président des États-Unis, il y avait deux manières de conquérir une nation : « l'une par l'épée, l'autre par la dette ». Le capitalisme anglo-saxon aime bien l'épée, l'ordolibéralisme préfère la dette : celle des autres, qui permet de les contrôler en douceur quand on a la même monnaie.

Pour les Allemands, la paix qui règne depuis près de soixante-dix ans sur le Vieux Continent n'est pas due seulement à la construction européenne et à la réconciliation franco-allemande. Le commerce et le libre-échange, ces piliers de l'ordolibéralisme, y sont pour beaucoup. Pas question donc de changer une telle alchimie. Si l'on veut que la paix perdure, Union européenne doit rimer avec ordolibéralisme.

« Hisser l'Allemagne au sommet de l'Europe. » Tel est l'objectif d'Angela Merkel, en 2005, lorsqu'elle arrive à la chancellerie. Huit ans après, l'objectif est atteint. Reste maintenant à passer à la seconde étape de cet agenda 2020, que la chancelière a en tête, même si elle ne l'a jamais rendu public. Contrairement à Konrad Adenauer ou Helmut Kohl, Angela Merkel n'est pas une Européenne viscérale, historique. Elle n'est pas « habitée » par le projet européen. C'est toute la différence avec la classe politique française, qui continue de s'illusionner et veut croire que l'avenir de la France — et le sien — passe par une Europe de plus en plus fédérale. La chancelière, qui correspond au sentiment, non seulement de la majorité de la classe politique allemande, mais aussi de l'opinion publique, pense d'abord à l'Allemagne. Cette habile tacticienne sait ce qu'il faut dire et faire pour être élue et réélue. Non par les électeurs européens, mais par les électeurs allemands. Ce qui lui vaut une rafale de critiques de la part des européistes.

Pour Daniel Cohn-Bendit, « Mme Merkel pense que sa politique est la seule possible et que ce faisant elle place l'Allemagne dans une position hégémonique qui suscite un rejet de l'Europe. Cette politique intransigeante face à l'Europe est payante pour elle, mais en dehors de l'Allemagne, c'est une vision très énervante et très nationale de l'Europe[1] ».

Le philosophe allemand Jürgen Habermas la soupçonne de défendre « un pur égoïsme national » et « d'imposer à la hussarde aux autres pays son propre modèle politique »[2]. Ulrich Beck est tout aussi virulent, dans son dernier ouvrage[3] : « L'Europe est devenue allemande. Personne ne l'a voulu, mais face à la menace de l'effondrement de l'euro, la puissance économique allemande s'est positionnée peu à peu, sur le plan politique, comme la plus grande instance de décision en Europe [...]. L'élève docile est devenue le tuteur de l'Europe. » Ana Palacio, ancienne ministre des Affaires étrangères espagnole, résume le mieux toutes ces critiques :

1. *Le Journal du Dimanche*, 3 mars 2013.
2. Jürgen Habermas, *La Constitution de l'Europe*, trad. C. Bouchindhomme, Gallimard, 2012.
3. U. Beck, *Non à l'Europe allemande*, *op. cit.*

« L'Allemagne se vit en *hegemon*, mais s'habille comme un comptable[1]. »

Presque par hasard, presque sans le vouloir, l'Allemagne est amenée à exercer un véritable pouvoir politique sur le continent européen. Tâche difficile pour un pays, dont la renaissance et la rédemption ont été intimement liées à une politique mercantiliste, fruit d'une étroite symbiose entre son complexe industriel et ses classes dirigeantes. C'est une chose de défendre les intérêts de ses entreprises dans les arcanes bruxellois, de promouvoir ses produits dans le monde entier. C'en est une autre d'imaginer et de bâtir, de toutes pièces, une construction politique pour une nation européenne... qui n'existe pas.

Pragmatiques, les Allemands ne croient pas dans les vertus d'un fédéralisme total. Comme les Britanniques, les Danois, et bien d'autres peuples encore. Le fédéralisme européen est mort. Une première fois, lorsque l'on a fait entrer la Grande-Bretagne dans le Marché commun. Une seconde fois, avec l'élargissement. Tous les États fédéraux, des États-Unis au Brésil, en passant par l'Allemagne et la Russie, ont en commun la langue, la monnaie, la sécurité intérieure et extérieure. L'Europe à vingt-huit ne partage rien de tout cela. L'Europe de l'euro ne partage que la monnaie, et encore ! Un projet purement fédéraliste ne pourrait être imposé que par la force, la coercition, à ceux des pays qui n'en voudraient pas. N'oublions jamais que les États-Unis ne se sont pas constitués sur la seule guerre d'Indépendance face à l'Angleterre, mais aussi à travers la guerre de Sécession. Entre un Nord mercantiliste et libre-échangiste et un Sud plus protectionniste et attaché à

1. Quentin Peel, « Germany : A Test of Strength », *The Financial Times*, mars 2011.

ses traditions. L'esclavage ayant servi de prétexte à un affrontement entre deux conceptions de l'union.

L'Europe purement fédérale n'étant pas dans l'agenda allemand, il reste aux Allemands une seule solution : proposer leur propre architecture pour l'Europe de demain. Comme les idées originales ne foisonnent pas plus à Berlin qu'à Paris ou à Bruxelles, la chancelière et la CDU poussent donc à une transposition pure et simple du modèle allemand au niveau européen : « Au fil d'un long processus, nous transférerons davantage de compétences à la Commission, qui fonctionnera alors comme un gouvernement européen, pour les compétences européennes. Cela implique un Parlement fort. Le conseil qui réunit les chefs de gouvernement formera, pour ainsi dire, la deuxième chambre. Pour finir, nous avons la Cour européenne de justice comme Cour suprême. Cela pourrait être la configuration future de l'Union politique européenne. » Tout est dit, dans cet entretien donné à cinq journaux européens, le 25 janvier 2012. Ce que décrit Angela Merkel est tout simplement la transposition du modèle allemand. La commission : c'est le gouvernement fédéral qui laisse aux Länder, aux États, la gestion au jour le jour. Le Parlement fort : c'est le Bundestag. La deuxième chambre, le Bundesrat, l'équivalent de notre Sénat. La Cour européenne de justice : la cour de Karlsruhe. Voilà pour le long terme. En attendant, l'Allemagne va continuer de piloter la politique économique et monétaire de l'Europe, dans le sens qu'elle souhaite. Certes, la nouvelle coalition CDU-SPD, issue des urnes en septembre 2013, va infléchir, ici ou là, la politique de ces dernières années. Sur des points de détail.

Un Smic à 8,50 euros sera mis en place, sous certaines modalités. Il sera à géométrie variable. Les conditions de départ à la retraite seront légèrement assouplies. Le budget étant désormais à l'équilibre, le retour à un taux de 60 % de dettes sur PIB (80 % encore en 2013) ne se fera pas à marche forcée. La BCE sera encouragée dans sa politique de bas taux d'intérêt[1]. Des travaux d'infrastructure seront lancés. Mais sur le fond, CDU et SPD sont d'accord pour mener « une stratégie de croissance durable, avec une politique budgétaire durable ». En clair, la pression va se faire de plus en plus forte sur les pays dont les déficits budgétaires ne se réduisent pas assez vite. Ces déficits publics accroissant mécaniquement leurs dettes, que les Allemands ne veulent toujours pas mutualiser, afin de ne pas être demain dans l'obligation d'avoir à les rembourser.

Une diplomatie du carnet de commandes

Au fond, l'Allemagne d'aujourd'hui se verrait bien reconstituer ce Saint Empire romain germanique. Un empire aux structures souples, dont la diplomatie est celle du carnet de commandes. Il faut être bien avec tous les clients. Avec la Chine, bien sûr. Avec les États-Unis, bien évidemment. Mais aussi avec cette Russie qu'Angela Merkel n'aime guère. Vladimir Poutine, ancien résident du KGB en RDA, sait tout d'Angela Merkel. Il lui arrive de confesser à certains de ses interlocuteurs, en riant : « Elle me déteste, mais moi je l'adore. » Leurs échanges peuvent être musclés, car tous deux parlent russe et allemand. Les effusions avec Vladimir Poutine sont donc limitées, d'autant que les sujets de friction ne manquent pas, à commencer par l'Ukraine. Berlin

1. Un point de moins sur les taux représente une économie de 20 milliards d'euros dans le service de la dette allemande qui dépasse 2 000 milliards d'euros.

pousse l'Union européenne à intégrer ce pays, ainsi que la Moldavie et la Géorgie. Moscou, au contraire, veut que ces pays (ré)intègrent la sphère d'influence russe. Reste que les affaires sont les affaires. La Russie est un fournisseur de gaz et un acheteur de machines allemandes. De plus, une partie du commerce avec la Chine transite désormais par les chemins de fer russes, modernisés notamment par Siemens.

Cette diplomatie du carnet de commandes est efficace. Plus l'Allemagne exporte, plus la France perd des parts de marché à l'international, et plus les diplomates ont tendance à se rendre à Berlin, plutôt qu'à Paris. Avec les Allemands, on est dans le concret. On négocie des contrats. Avec une France sur la reculade, qui n'a plus de doctrine, on ne sait plus de quoi parler. Comme nous avons de moins en moins de biens compétitifs à vendre, on tente d'exporter les droits de l'homme. En oubliant le principe gaulliste de non-ingérence dans les affaires d'un État. Ce qui nous ferme de plus en plus de portes. C'est malheureux à dire, mais c'est ainsi. Les bons sentiments ne font pas nécessairement une bonne politique étrangère et commerciale. On peut faire la leçon aux autres, quand on est très fort et irréprochable. S'imaginer, comme Nicolas Sarkozy l'a cru un instant, pouvoir signer des contrats en Chine tout en cajolant le dalaï-lama et en sermonnant les dirigeants chinois relève d'une grande naïveté.

Être bien avec ses clients, ne prendre aucun risque qui pourrait nuire aux entreprises allemandes, tel est l'axe de la diplomatie germanique, que Berlin aimerait transposer au niveau européen. On comprend mieux pourquoi les Allemands sont très en retrait de la main à l'égard de l'Afrique, du Proche-Orient, mais aussi vis-à-vis d'une politique de défense européenne.

Fabriquer des armes oui, les porter non. L'Allemagne a mis fin à la conscription en 2011, qui était d'ailleurs à base de volontariat, puisque tout Allemand pouvait refuser, comme objecteur de conscience, de porter l'uniforme. Certes, les nouvelles générations n'ont pas le même trauma que les précédentes à l'égard du passé de leur pays, pourtant l'armée, la politique de défense suscitent toujours chez les Allemands de profondes réticences. Comment le leur reprocher? Reste que le désarmement universel n'est pas à l'ordre du jour. Bien au contraire. Il n'y a pas d'exemple dans l'histoire qu'une zone de prospérité non défendue n'ait pas fait l'objet d'une prédation, sous quelque forme que ce soit. Que l'Allemagne ne veuille pas assumer et financer une défense européenne, soit. Si l'Europe se veut un empire face aux autres empires elle doit avoir un outil de défense. La France, avec sa force de frappe, pourrait en être le pilier. On pourrait même concevoir d'en partager la responsabilité. Avec un certain nombre de contreparties. *A priori*, l'Allemagne n'est pas demandeuse. À l'époque où l'on rêvait encore, à Paris, de cet axe franco-allemand, une brigade commune, qui devait être l'embryon d'un corps d'armée européen, avait été créée, en 1988. Depuis, on sort de temps en temps cette brigade... pour des défilés. Comme la musique de la Légion étrangère.

Lors de l'intervention en Libye — fort contestable au demeurant — Français et Britanniques se sont retrouvés seuls, avec juste un soutien logistique américain. Lorsqu'il faut intervenir en Afrique, hier pour sécuriser les Occidentaux en Côte d'Ivoire, aujourd'hui pour tenter d'éradiquer les bandes islamistes qui veulent faire du Sahel un sanctuaire, la France est en première ligne. L'Allemagne ni en deuxième, ni même en troisième. Lorsqu'il est question de représailles en Syrie contre Bachar el-Assad, Angela Merkel est aux abonnés absents. Sur le fond du dossier, elle n'avait pas tort, et la diplomatie française s'était imprudemment avancée. Mais l'attitude de la chancelière était surtout motivée par celle de la Russie et de la Chine, qui soutiennent la Syrie au Conseil de sécurité.

Une chancelière qui devait être mieux informée que François Hollande sur les intentions profondes de Barack Obama. Ce dernier ne voulait pas intervenir et faire le jeu de l'Arabie saoudite et des Émirats, dans cette partie de billard à trois bandes où, derrière la Syrie, c'est l'Iran qui est visé. La NSA espionne les alliés des États-Unis, mais, sur le fond, l'Allemagne comme la Grande-Bretagne n'ont pas grand-chose à cacher à Washington. À l'inverse, ils savent avant les autres ce que l'Oncle Sam concocte. Si l'Allemagne n'a pas de politique de défense, si elle ne veut pas de défense européenne, c'est tout simplement parce que, pour elle, l'Amérique y pourvoira. Comme au bon vieux temps de la guerre froide.

Résumons-nous : pour nos amis allemands, l'euro est une monnaie allemande, qui ne doit être utilisée en aucun cas comme une arme contre le dollar. L'Allemagne n'a pas d'ambitions financière et monétaire à la différence de la Chine. Sa diplomatie est mercantile. Ses ambassades et celles de l'Union européenne étant là pour faire la promotion de ses produits. Sur les grands dossiers, elle n'entrera pas en conflit avec les États-Unis, atlantisme aidant. Un moment, on a pu penser qu'elle voudrait récupérer le siège de la France au Conseil de sécurité. Ce n'est apparemment plus sa préoccupation. Un tel siège l'amènerait à se prononcer publiquement sur des dossiers qu'elle préfère laisser de côté. Cela l'obligerait à choisir un camp parmi ses clients. Enfin, le principal attribut d'un empire, c'est son armée. On a tellement assimilé, dans l'histoire, l'hégémonie allemande à sa puissance militaire qu'aujourd'hui la nouvelle Germanie veut exercer son hégémonie, sans que l'on puisse la soupçonner de menées impériales.

ÉPILOGUE

Et la France ?

Dans ce kriegspiel mondial, force est de constater que la France est quelque peu sortie du jeu. Pour les Anglo-Saxons, mais aussi pour les Allemands, même s'ils ne le disent pas tout haut, la « Grande Nation » est désormais l'homme malade de l'Europe. Une situation qui ressemble fort, pour ceux qui l'ont vécu, à ce qui prévalait en 1958. Avec une IVe République agonisante, des gouvernements impuissants, des finances exsangues, une guerre d'Algérie qui divisait le pays, le ruinait et ternissait l'image de la France. Pourtant, il y avait une autre France, dynamique, inventive, qui préparait, dans les laboratoires, les grandes innovations de demain : du nucléaire à l'espace, en passant par l'informatique. Une France, fière à juste titre de son passé, qui ne demandait qu'à rebondir, pour peu qu'on la mobilise et qu'on lui offre des perspectives, un chemin à suivre.

La France d'aujourd'hui se trouve, comme celle d'hier, à la croisée des chemins. Elle doit choisir une voie : sa voie. Pour les uns, il n'y a pas d'autre solution que de se fondre dans une Europe toujours plus fédérale, plus atlantiste. Aller plus loin encore dans les abandons d'une souveraineté, déjà bien écornée. Accepter toujours plus de concurrence sociale et fiscale. À l'intérieur de l'Europe, mais aussi avec les autres Empires. Au nom de cette idéologie du libre-échange, de la théorie des avantages comparatifs et de l'efficience des marchés. Ce serait finalement aller jusqu'au bout de cette logique implicite, qui a été celle de la plupart de nos dirigeants depuis un quart de siècle. Ils ont cru que ce XXIe siècle marquerait la fin des nations et... du nationalisme qu'ils honnissent.

Les faits leur donnent tort. Les nouveaux empires reposent sur un binôme : le couple entreprise-nation. En France, certains aiment les entreprises, mais pas la nation. D'autres aiment l'État, mais pas les entreprises. Une certaine droite se méfie du peuple. Une certaine gauche n'a jamais considéré l'entreprise comme un lieu de création de valeur. Pour elle, c'est toujours un lieu d'aliénation. Un mal nécessaire. Il est vrai que les excès du capitalisme apportent régulièrement de l'eau au moulin de ses pourfendeurs. Il fut un temps pourtant où les entreprises françaises et la nation tiraient dans le même sens, comme en Chine, en Allemagne, ou aux États-Unis, avant-hier et aujourd'hui. C'était l'époque des Trente Glorieuses. Un mélange de capitalisme d'État et de mercantilisme. Un peu de Chine, un brin d'Allemagne, le tout avec une capacité d'innovation à l'américaine.

Au fil des ans, ce lien entreprise, État, Nation s'est distendu, alors que nos concurrents le redécouvraient. L'État n'est plus la nation. Il ne l'incarne plus. Ses représentants ne défendent plus l'intérêt collectif, mais des intérêts catégoriels, à commencer par les leurs. La fonction publique est devenue schizophrénique. Une masse d'agents refuse tout changement de statut. Au nom d'une certaine vision, dite « de gauche », l'administration développe sa propre conception de l'évolution de notre société. On défend par principe les minorités contre la majorité. On multiplie les ouvertures de droits, en oubliant les devoirs qui s'y rattachent. On fait de l'égalitarisme, sans en voir toutes les conséquences. On ferme les yeux sur les innombrables abus, qui grèvent les comptes de notre protection sociale. On chasse les riches, ou prétendus tels, toujours au nom de la justice sociale. On multiplie réglementations et usines à gaz, etc. Le tout avec bonne conscience.

Au sommet de l'État et des grandes entreprises, une élite, plutôt libérale, s'autoreproduit. Elle rêve au fond de dissoudre ce peuple français qui renâcle à entrer dans la mondialisation, dans un ensemble plus vaste. Une élite qui garderait les avantages du pouvoir, notamment en termes de rémunération, sans en avoir les inconvénients. Ce sont ces élites qui n'ont pas vu, ou pas voulu voir, que l'Europe et la mondialisation impliquaient une double concurrence : sociale et fiscale.

La France, du moins ses représentants, a accepté les règles de l'OMC et l'entrée de la Chine, en 2001, sans aucune contrepartie. À l'intérieur de l'Europe, nous avons avalisé, au nom de la libre circulation des travailleurs, la directive Bolkestein, qui permet d'employer sur un territoire des travailleurs européens aux conditions de leur pays d'origine. L'objectif était clair : tirer les salaires vers le bas, réduire les charges sociales et, plus globalement, le coût de la protection sociale. L'Allemagne, on l'a vu, a très habilement tiré profit de ces nouvelles réglementations.

La concurrence fiscale, elle, ne date pas d'aujourd'hui et l'optimisation fiscale non plus. En 1994, un ministre du Budget du gouvernement Balladur m'avait même avoué que sa plus grande surprise, lors de son passage au ministère, avait été « de découvrir que les multinationales ne payaient pratiquement pas d'impôts en France ». Nos représentants, à Bruxelles et ailleurs, nos gouvernements ne se sont jamais opposés au dumping fiscal de l'Irlande ou du Luxembourg.

Les concurrences fiscale et sociale sont, depuis vingt ans, au cœur du projet européen. À aucun moment, nous n'avons mis en œuvre notre droit de veto. À aucun moment, nous n'avons pratiqué la politique de la chaise vide, comme le fit en son temps le général de Gaulle. Nous avons râlé, grogné, mais nous avons accepté. Au nom de cette vision de l'Europe, que nous étions les seuls désormais à partager. Ce faisant, nos élites, de quelque bord qu'elles soient, nos intellectuels aussi, sans parler de nos économistes n'ont pas réfléchi, préparé des politiques alternatives. « Impossible, puisqu'il n'y a pas d'autre politique possible », répondait-on à ceux qui voyaient les nuages s'amonceler.

Il eût fallu alors entrer pleinement dans le jeu de cette concurrence sociale et fiscale à outrance : casser le Smic, le statut de la fonction publique, allonger l'âge de la retraite... Bref, faire ce que l'Allemagne a fait, et si possible en mieux. « Impossible, parce que les syndicats auraient bloqué le pays, comme lors de la grande grève des cheminots en 1995. » Pas de bras de fer avec les Européens. Pas de bras de fer avec les syndicats et les fonctionnaires. Ce fut, admettons-le, depuis quinze ans, le triomphe de l'immobilisme, chacun cherchant à passer à travers les gouttes, dans l'espoir qu'un miracle surviendrait, que la croissance reviendrait. À sa place, nous avons eu la crise, qui a agi comme un révélateur, et amplifié les blocages de la société française. Ne disposant plus de l'arme monétaire, enserrée dans les contraintes réglementaires et juridiques de l'Union européenne, la France découvre peu à peu son impuissance à agir.

La grande dépression... nerveuse

Le monde n'est pas sorti de la grande dépression, commencée en 2008. Certes, on veut croire que les choses s'améliorent. La croissance chinoise reste élevée. Les États-Unis redémarrent. L'Espagne rétablit ses comptes courants. L'Allemagne exporte toujours plus. Reste que, globalement, on est, à peine, en 2013, au niveau du PIB mondial de 2007. Six ans pour rien. Rapporté au PIB par tête d'habitant, on peut même parler de décroissance. Ainsi, en France, en cinq ans, le PIB par tête a baissé pour la première fois depuis l'entre-deux-guerres. Dans le monde occidental, la dette publique a augmenté d'un tiers. Les déséquilibres des comptes courants perdurent.

Si le cataclysme que d'aucuns craignaient, au lendemain de la faillite de Lehman Brothers, n'est pas survenu, c'est essentiellement parce que les banques centrales, la FED, la Banque d'Angleterre, la Banque du Japon récemment, et aussi la BCE ont inondé le monde de liquidités. C'est une drogue. On soigne les effets de la maladie, mais pas les causes profondes. Que se passera-t-il si l'on coupe les robinets des banques centrales ? Que se passe-t-il lorsque l'on sèvre brutalement un drogué ?

Cette grande dépression économique et sociale qui n'est pas finie se double pour la France d'une dépression nerveuse. Elle couve depuis longtemps. Certains la font remonter à 1940, à 1871, voire même à Waterloo (1815). Trois dates, trois défaites quelque peu humiliantes. Nous vivons aujourd'hui une autre défaite, économique cette fois. Moins spectaculaire, peut-être, moins meurtrière au sens premier du terme, mais tout aussi destructrice. Le modèle français se meurt, le modèle français est mort.

L'État, dont nous étions si fiers, est clochardisé. Les exemples sont innombrables. Des policiers qui vivent depuis des années dans des Algecos aux pilotes de chasse qui n'ont plus de kérosène pour leurs avions, en passant par les hôpitaux qui manquent souvent de tout, les tribunaux où les dossiers s'entassent et les ambassades que l'on est obligé de fermer et de vendre, c'est la France, dans ses fonctions régaliennes, qui se rétrécit. Au nom de la lutte contre les déficits.

Depuis des décennies, par lâcheté, par clientélisme, on a laissé déraper les dépenses de fonctionnement. On a accru le nombre de fonctionnaires, surtout dans les collectivités territoriales, qui multipliaient, par ailleurs, les investissements de prestige inutiles. L'État central, lui, n'a plus investi. La retraite en bon ordre tourne aujourd'hui à la débandade. Pour faire face aux déficits budgétaires qui s'accumulent, on racle les fonds de tiroir, on vend la cave de Matignon, et surtout on augmente les impôts tous azimuts. Avec un seul résultat : la réduction de l'assiette fiscale. Une fois de plus, le principe selon lequel « trop d'impôt tue l'impôt » se vérifie. L'équation budgétaire dans le contexte actuel est insoluble. La croissance en Europe ne dépassera pas, au mieux, 1 % à 1,5 %, au cours des prochaines années. La pression fiscale en France a atteint un niveau contre-productif. Toute augmentation de l'IRPP ou de l'IS, toute taxation supplémentaire du patrimoine ou de l'épargne se traduiront, en réalité, par une baisse des recettes. Dès lors, il est impossible de revenir rapidement à un déficit budgétaire de 3 %, comme le demande Bruxelles, ou de réduire l'endettement qui va atteindre 100 % du PIB. Seule une réforme d'ampleur des dépenses de fonctionnement de l'État, c'est-à-dire de sa masse salariale, peut redonner des marges de manœuvre au budget.

Course aux taxes, réformes sociétales mal vécues qui divisent au lieu de rassembler, insécurité fiscale et juridique, chômage endémique, notamment chez les jeunes... Comment s'étonner dans ces conditions que la France se vide peu à peu de sa substance ? Cela a commencé par l'exil fiscal de quelques grandes fortunes, puis par celui de fortunes moyennes. Cela continue par le départ des directions financières des grandes entreprises, par l'externalisation des cadres supérieurs hors de France. Nous en sommes maintenant à l'exil des retraités... Bercy, qui refuse de communiquer sur les comptes des multinationales et la manière dont elles s'exonèrent de l'impôt en France, a toujours cherché à minimiser le phénomène de l'exil fiscal. Et pour cause. Ces grands groupes profitaient de la complaisance et de la cécité de l'administration et des politiques. Ce que l'on ne prélevait pas sur les multinationales étant ponctionné sur les autres, entreprises et ménages. La pression fiscale s'est accrue poussant au départ des contribuables les plus fortunés. À l'exil des riches seniors, s'ajoute maintenant celui des jeunes diplômés, qui ne trouvent pas en France les emplois qu'ils souhaiteraient. Ce double phénomène est inédit dans l'histoire de France, depuis la révocation de l'édit de Nantes sous Louis XIV. Le départ des protestants vida la France d'une partie de son capital et de ses forces vives.

Ce scénario d'une lente perte de substance est malheureusement crédible. Il y aura bien, ici et là, quelques jacqueries, une montée des votes protestataires. Au bout du compte, résignée, fatiguée, attachée à ses derniers petits avantages, une majorité de Français se résignera à ne plus être qu'une composante de l'empire allemand. La France sera alors ravalée au rang d'une province de la Germanie, celle où il fait encore bon vivre pour les élites mondialisées : diversité du territoire, patrimoine, gastronomie, produits du terroir... À l'occasion, on pourra même faire visiter, au musée de l'Air et de l'Espace, le Concorde, aux enfants du monde entier, vestige d'une époque où la France était à la pointe de la technologie.

Le sursaut

Un autre scénario est possible : celui du sursaut. Comme en 1958. Comme en 1871. Les défaites peuvent agir comme un électrochoc. Au lendemain de Sedan, la France est amputée de l'Alsace-Lorraine et doit verser un tribut considérable. Elle saura réagir. L'argent se mobilise pour payer l'Allemagne, investir sur le territoire et dans le monde. La IIIe République naît sur les décombres du second Empire. Le pacte républicain s'esquisse. La République et la nation ne font qu'un. L'école de Jules Ferry va permettre à des millions de fils de petits paysans et de fils d'immigrés d'accéder aux plus hautes fonctions. C'est la République de l'excellence qui, comme toute œuvre humaine, a ses défauts, mais dont le bilan sera globalement positif. Jusqu'à la Grande Guerre.

La France, en ce temps-là, a su rebondir face à l'adversité. Il faut trouver aujourd'hui un nouveau pacte fondateur, capable de mobiliser l'argent et les hommes. Il nous faut trouver de nouveaux espaces à conquérir. L'heure n'est plus aux colonies, mais nous pouvons reconquérir notre propre territoire. Comment? En entrant de plain-pied dans la troisième révolution industrielle. En rebâtissant, de fond en comble, un nouveau système éducatif. En inventant un nouveau pacte autour du « vivre ensemble ».

Nous vivons une troisième révolution industrielle. La première a commencé, vers 1780, avec la machine à vapeur, la mécanique, la mécanisation. Elle s'appuie sur le charbon et la chimie naissante. Avant cette première révolution, la seule source d'énergie est le muscle de l'homme. Dans l'agriculture comme dans l'artisanat. Avec la mécanisation, on démultiplie cette puissance musculaire. La deuxième révolution industrielle survient, un siècle plus tard, avec l'électricité, le pétrole, le moteur à explosion, puis le téléphone. Alors que la première s'était développée à partir des PME, la deuxième prospère avec les grandes entreprises, la concentration de la main-d'œuvre dans de grandes usines, la taylorisation des tâches.

La troisième révolution a débuté, il y a une trentaine d'années, avec l'émergence d'un nouveau système technique de production. La vapeur était le moteur de la première révolution ; l'électricité, ce qu'avait bien compris Lénine[1], celui de la deuxième. Le logiciel connecté au réseau est le moteur de la troisième. Cette troisième révolution transforme l'économie en Iconomie[2]. L'Iconomie, ce n'est pas seulement l'informatisation, la robotisation, l'automatisation des tâches répétitives. Ce n'est pas seulement le numérique, l'utilisation d'Internet. L'Iconomie, c'est l'intelligence partagée en réseau, autrement dit une « reconception » d'ensemble des process de production, de l'organisation même des entreprises, des administrations.

Comme ce fut le cas lors des deux précédentes, cette troisième révolution industrielle modifie profondément le rapport de l'homme avec son environnement naturel. Elle

1. « Le communisme, c'est les Soviets plus l'électricité », aurait-il dit en boutade.

2. On peut consulter le blog de l'institut de l'Iconomie, www.institut-iconomie.org.

modifie la nature elle-même. C'est tout le système productif qui en est transformé. Comme Monsieur Jourdain faisait de la prose sans le savoir, des entreprises sont entrées dans l'Iconomie sans le savoir. En France, mais aussi hors de France. On pense, bien sûr, aux Allemands, à cette industrie automobile qui a su automatiser, robotiser sa production, gérer ses sous-traitants, mais aussi utiliser les réseaux Internet pour faire du sur mesure pour le client. On pense à un groupe espagnol comme Zara, dont la réussite, au milieu d'une économie espagnole sinistrée, est largement due à l'adaptation de la production aux besoins, ô combien changeants, du consommateur.

C'est aussi, ce sera de plus en plus, le rapprochement des centres de production en fonction des zones de consommation. Car l'Iconomie doit aussi permettre de tourner la page de ces délocalisations sauvages, en Chine ou ailleurs, qui n'avaient pour but que de réduire drastiquement le coût du travail. Cette troisième révolution industrielle, les Américains y entrent de plain-pied. Avec leur volontarisme. Avec leur puissance intellectuelle et financière, malgré leur surendettement. Barack Obama a compris ce qui était en jeu. Son discours sur l'état de l'Union, en février 2013, était un hymne à l'investissement, à la science en général, aux nouvelles technologies, prônant la multiplication des instituts d'innovation manufacturière. Obama demandait au ministère de la Défense et de l'Énergie de se mobiliser, avec les entreprises privées, pour reconstruire l'Amérique sur ces bases et créer des emplois dans le secteur manufacturier. Des emplois qualifiés.

Dans l'Iconomie, le « cerveau-d'œuvre » remplace la main-d'œuvre comme principal facteur de production. Les tâches répétitives sont réalisées par les robots. La structure des emplois change de fond en comble. Ce que nous appelons encore industrie connaîtra la même transformation que l'agriculture avec la mécanisation. Il y a deux siècles, elle employait les deux tiers de la population active : aujourd'hui, seulement 3 %.

Ne nous leurrons pas : l'ajustement sera douloureux. Il le sera d'autant plus que notre système éducatif n'est absolument pas préparé à cette nouvelle société. Et qu'il n'y prépare pas les jeunes. L'emploi d'aujourd'hui, encore plus celui de demain, se trouve en amont dans la recherche, l'innovation, la conception, et surtout l'adaptation permanente du produit aux évolutions des besoins et de la demande du consommateur, du client. Il se retrouve aussi dans l'aval, dans les services, qui sont précisément au contact du consommateur, pour assurer le suivi, la maintenance et le dépannage. Le produit devient en fait un assemblage de biens et de services qui y sont attachés. C'est une des grandes forces de l'industrie allemande. C'est une des faiblesses de la Chine, qui a bien compris que ses propres consommateurs exigeaient des produits de qualité. Les groupes chinois, on l'a vu, sont contraints de racheter, ou de s'allier avec des entreprises étrangères, pour aller chercher en Occident le savoir-faire, la qualité des produits qu'exige désormais le consommateur chinois.

Avec l'Iconomie, le client et la qualité du produit reprennent droit de cité. Les entreprises, principales créatrices de richesses, sont au cœur de ce nouveau système productif. Elles n'en sont pas, bien sûr, les seules actrices, mais c'est par elles que tout commence. Car l'Iconomie bouleverse les hiérarchies, les responsabilités, la relation avec les clients, les fournisseurs et les partenaires. La mise en réseau du monde implique l'innovation permanente, la remise en cause de nos codes de valeur, de nos modes de pensée, de nos organisations.

Les périodes de transition — et nous en vivons une — sont toujours douloureuses. Le modèle ancien s'effondre et le modèle nouveau ne produit pas encore tous ses effets bénéfiques. Plus la transition est longue, plus les sacrifices pour les populations sont importants. Raison de plus pour ne pas attendre, pour prendre les problèmes à bras-le-corps. Et reconstruire la France, sur ces nouvelles bases. Dans son analyse des révolutions industrielles, Christian Saint-Étienne[1] explique qu'elles ont connu chaque fois deux périodes : cinquante ans d'innovations et de rupture, pour que le nouveau système de production s'implante, puis cinquante ans de consolidation. Ces révolutions industrielles sont l'occasion de redistribuer les cartes à l'échelle mondiale. La Chine était sortie du jeu au début du XIXe siècle pour ne pas avoir pris le virage de la première révolution. Les pays qui ne sauront pas s'adapter à cette troisième révolution sortiront, eux aussi, du jeu. C'est tout l'enjeu pour la France.

Nicolas Sarkozy avec son grand emprunt et François Hollande avec son crédit impôt compétitivité emploi ont fait quelques premiers pas. S'insérer dans cette troisième révolution industrielle implique de repenser toute notre politique économique qui est décidée... à Bercy. Pour le ministère de l'Économie et des Finances, l'Iconomie est au mieux un coût financier, au pire une idée fumeuse. C'est quelque chose que nos hiérarques, nos énarques ne maîtrisent pas. Ils ne sont pas à la manœuvre. Pire, elle remet en cause leur manière de travailler, de penser, leur pouvoir, voire leurs emplois. Car l'Iconomie ne sera pas imposée par le haut, par l'État ou quelque sauveur suprême. Elle se

1. Christian Saint-Étienne, *France : état d'urgence. Une stratégie pour demain*, Odile Jacob, 2013.

fera par les acteurs, les citoyens, contribuables, consommateurs, producteurs que nous sommes tous. Elle se fera par les entrepreneurs, qu'ils soient individuels, patrons de petites ou moyennes entreprises ou managers de grands groupes. Elle se fera aussi avec ceux qui accepteront d'apporter leur argent, de prendre des risques pour financer l'innovation et ses entrepreneurs.

L'État peut faciliter, accompagner, mais il n'a pas, il n'a plus, les moyens d'être le pilote unique. D'autant qu'il ne possède plus, à la différence de l'époque des Trente Glorieuses, les compétences en son sein. En revanche, ce que pourrait faire l'État, c'est ne pas réduire drastiquement le budget de la Défense et développer, au contraire, les recherches sur la cyberguerre et les nouvelles armes. Ce que pourrait faire l'État, c'est faciliter les recherches sur les méthodes d'explorations des gaz de schiste et sur le nucléaire du futur. Ce que pourrait faire l'État, c'est aider à la création d'une plateforme culturelle pour rendre accessible dans le monde entier, et surtout dans la francophonie, notre patrimoine culturel, aujourd'hui réparti dans deux cent vingt plateformes. Le projet existe. Il est porté par une société française, Technicolor. Il a même trouvé un mécène canadien francophone. Pourtant l'administration, les cabinets ministériels ne bougent pas. Peut-être préfèrent-ils laisser à Google le soin de diffuser demain le patrimoine culturel français ? Ce que pourrait faire l'État, ce serait lancer un vrai plan logement. En démolissant les usines à gaz fiscales et réglementaires qu'il a élaborées depuis des décennies. En construisant massivement de nouveaux logements peu chers, modernes, intégrant toutes les nouvelles technologies, la domotique. En bâtissant à Paris, en hauteur, pour faire baisser les prix et favoriser la créativité de nos architectes et ne pas laisser à Londres et à Berlin le monopole de la nouveauté architecturale. Ce qu'aurait pu faire l'État, c'est prendre à bras-le-corps le dossier de l'optimisation fiscale des multinationales. On pourrait leur proposer un *deal* en instaurant une taxe forfaitaire sur leur chiffre d'affaires en France, à valoir sur l'impôt sur les sociétés : un moyen de les inciter à payer de l'IS en France. Par la même occasion, on pourrait baisser le taux de l'IS notamment pour les PME.

Le rôle de l'État aujourd'hui est plus que jamais de favoriser l'alliance des nouvelles forces productives, ce qui passe par un préalable : il faut arrêter d'opposer les uns aux autres, les juniors aux seniors, les actifs aux inactifs, les salariés aux retraités. Le conflit générationnel ne doit pas remplacer la lutte des classes. Il faut cesser de stigmatiser les prétendus riches, les entrepreneurs, les auto-entrepreneurs, les petits propriétaires bailleurs. On a besoin de tous les acteurs économiques pour opérer cette transition. Basculer dans l'Iconomie implique de s'attaquer à un phénomène qui n'a cessé de se renforcer au fil des décennies : l'endogamie néfaste entre une haute fonction publique (et même une moyenne), les médias (pas tous bien sûr), et la majorité d'une classe politique, prisonnière d'un système qui a fait de la politique un métier. Cette caste, ces élites ont cru, il y a vingt ans, que l'on entrait dans un monde post-travail, postindustriel, postnational.

C'est tout le contraire qui s'est produit. La troisième révolution est industrielle, même s'il s'agit d'une autre industrie qui naît sous nos yeux. Elle mobilise plus que jamais le travail, le travail qualifié, à tous les niveaux. Elle redonne tout son sens à la valeur travail, au goût du travail bien fait. Elle a besoin aussi de capital. Enfin, cette troisième révolution est nationale, en ce sens que tous les pays raisonnent d'abord en fonction de leurs intérêts nationaux : des États-Unis à la Chine, de la Russie à l'Allemagne, en passant par l'Angleterre. Ce n'est pas faire du populisme que de dire qu'il est temps pour notre pays et ses citoyens de reprendre en mains leur destin. Ce n'est pas en sautant comme un cabri dans son fauteuil, en criant « droits de l'homme, droits de l'homme », que l'on définit une stratégie audacieuse et réaliste pour la France. Ce n'est pas en multipliant taxes, règlements, interdictions, punitions que l'on mobilisera les forces productives de ce pays, ou ce qu'il en reste, pour le faire entrer dans la société du XXIe siècle.

Tout commence par l'école, par l'éducation. De réforme en réforme, le système est à bout de souffle et fabrique de plus en plus d'analphabètes. Globalement, sur une année, les enfants, notamment en primaire, ne travaillent pas assez : 144 jours de classe, contre 186 en moyenne en Europe. La durée hebdomadaire en primaire est de vingt-quatre heures. Là, nous sommes dans la moyenne. Il est toujours difficile de comparer avec les périodes antérieures. Reste que des générations de Français ont connu, en primaire, la semaine de cinq jours, soit trente heures par semaine, auxquelles s'ajoutait l'étude facultative : quatre heures de plus. Les classes, notamment dans le secondaire, étaient au moins aussi nombreuses. Les enfants les plus jeunes se plaignent d'être surmenés, c'est vrai. Lorsqu'ils ne sont pas en vacances, ils travaillent trop et ne font pas assez de sport. Pourquoi y a-t-il tant de vacances ? Pourquoi est-on arrivé à une semaine de quatre jours, alors qu'autrefois les enfants travaillaient cinq jours par semaine ? Pour des raisons mercantiles. Pour faire le plein des stations touristiques. Pour le confort des parents aisés, qui veulent partir en week-end et partager leurs RTT avec les enfants. Tout se tient. La diminution globale du temps de travail à l'école est à mettre en parallèle avec l'instauration des trente-cinq heures. On ne dira jamais assez combien cette mesure a été néfaste pour notre pays. Elle a cassé le rapport au travail.

Rebâtir le système éducatif ne peut se faire qu'autour d'une grande idée. Ce pourrait être le basculement de l'enseignement traditionnel vers l'éducation par les tablettes. Il y a onze millions d'élèves en France. Pourquoi ne pas doter chacun d'entre eux d'une tablette ? Plus besoin d'avoir de lourds manuels dans des cartables pesant des tonnes. La mémoire informatique prendra leur place. Mieux : les tablettes sont interactives. Il existe déjà un certain nombre d'expériences d'introduction de tablettes en classe. Pourquoi ne pas préparer un big bang en associant le corps enseignant à cette révolution ? Certes, on trouvera mille et une raisons pour bloquer une telle idée. Il faudra bien sûr mettre des garde-fous, mais, de toute façon, on y viendra. Inéluctablement.

Sur un plan économique, l'achat de tablettes par les collectivités publiques n'est pas plus onéreux que l'acquisition des manuels scolaires... imprimés le plus souvent à l'étranger[1]. Ces tablettes seraient, bien évidemment, fournies par des constructeurs qui accepteraient de les produire en France. Cela donnerait lieu à un foisonnement d'idées, d'applications, de logiciels. Autant de *success stories* potentielles, que l'on pourrait exporter. Avec les tablettes, les enfants des milieux les plus défavorisés auront accès à la culture, pourvu qu'ils le veuillent. C'est par la lecture des livres que les enfants des immigrés ont autrefois appris

1. Le coût des manuels pour les collectivités publiques est, en moyenne, de 130 euros par an et par enfant. Celui d'une tablette de lecture, autour de 100 euros.

notre langue et bénéficié de l'ascenseur social. La tablette remplira demain la même fonction.

Le pacte républicain de la IIIe République reposait sur deux piliers, qui assuraient l'assimilation et l'ascension sociale : l'Éducation nationale et le service militaire. La première se délite. Le second a disparu. On connaît tous les arguments, à commencer par ceux des militaires de carrière, qui ont amené à cette suppression en 1995. Ce fut pourtant une des erreurs majeures de Jacques Chirac. Le service militaire était, avec l'école, un des lieux du « vivre ensemble », du brassage social. Malgré toutes ses imperfections, il permettait de récupérer un certain nombre de jeunes, de les sociabiliser, de les alphabétiser, voire de leur apprendre un métier. Il faut réinventer un service civique, non pas de quelques jours, mais de plusieurs mois. Les jeunes pourraient y passer gratuitement les différents permis de conduire, participer à des tâches d'intérêt national, faire du sport, apprendre à vivre en collectivité et à respecter les autres. Les comptables de la Cour des comptes lèveront les bras au ciel : « Cela coûterait trop cher. » À force de raisonner en comptable obtus, on se prépare des lendemains tragiques. Il faut faire de la comptabilité... politique. Il y a des domaines où l'on doit investir, dépenser plus et d'autres où il faut, au contraire, tailler à la serpe. Bref, faire des choix : le principe même de la politique.

Chacun en convient, nous ne pouvons pas continuer d'accumuler les déficits. Comme on ne peut plus augmenter les impôts et que l'on n'investit plus, il faut redéployer les dépenses, se donner des marges de manœuvre, en remettant à plat le statut de la fonction publique. C'est la condition *sine qua non* d'un nouveau pacte entre les forces productives de ce pays. Le non-remplacement d'un fonctionnaire sur deux, qui n'est même pas appliqué, ne résout pas le problème comptable, puisqu'on continue de payer les retraités. Pourquoi ne pas mettre en place un système de départ, volontaire ou non, sur le modèle de ce qui se passe déjà pour les militaires ou les policiers ? Un fonctionnaire pourrait partir, au bout de vingt ans, avec une retraite au prorata des années travaillées. Libre à lui ensuite de retrouver un emploi dans le privé, et de cumuler les revenus sur lesquels il paiera des cotisations et des impôts, ou de se contenter de sa mini-retraite. Pour l'État, l'économie est de taille ! Par conséquent, il pourrait réembaucher dans les secteurs où l'on en a le plus besoin, et mieux payer les fonctionnaires restants. En outre, cela permettrait un rajeunissement et une amélioration de la pyramide des âges. Quant aux nouveaux embauchés, ils le seraient sous un nouveau statut.

Il ne s'agit pas de faire des réformes pour faire plaisir et obéir à Berlin, Bruxelles ou aux marchés financiers, mais parce que c'est le seul moyen pour éviter d'être définitivement colonisés. La négociation transatlantique doit nous ouvrir les yeux. Elle préfigure la fin d'une certaine idée de la démocratie et l'émergence d'un nouveau modèle où technostructure et multinationales disent le droit : une sorte de démocratie censitaire. Les peuples sont là pour avaliser les décisions que les élites techno-marchandes ont prises à leur place. S'ils votent mal, on les fait revoter, ou on ne tient pas compte de leurs votes. Rétablir nos comptes, retrouver la confiance des forces économiques sont les conditions du sursaut. Alors, et alors seulement, nous pourrons retrouver des marges de manœuvre.

En attendant que ces réformes portent leurs fruits, ce qui prendra du temps, il faut ouvrir un dialogue musclé avec nos partenaires, avoir une vision claire de ce que nous voulons pour notre pays, dans l'ensemble européen. Pas de fédéralisme, ni à vingt-huit, ni à six. Pas de fusion inégalitaire avec l'Allemagne. Mais une Europe à la carte, concrète, à partir de projets bien définis, dont chacun peut tirer un bénéfice. L'énergie en serait un bon exemple. Tout comme le développement des grandes infrastructures. Pour le reste, nous devons dire clairement que nous nous opposerons à tout accord transatlantique aux conditions actuellement négociées. Nous devons expliquer à nos partenaires de l'Eurogroupe, à commencer par les Allemands, que l'euro ne pourra survivre qu'à une condition : son cours, par rapport aux autres grandes monnaies, doit retrouver un niveau acceptable, supportable par les entreprises du Sud. À commencer par les nôtres.

Il sera impossible de faire des efforts de compétitivité, s'ils sont immédiatement perdus, parce que l'euro se sera apprécié de 5 % ou 10 %. Ou la BCE maintient la valeur de l'euro dans une fourchette dont le plafond ne dépassera pas 1,30 dollar, ou nous serons obligés de revoir les conditions mêmes de l'euro, en revenant par exemple à une monnaie commune, et non plus unique, avec le retour à trois ou quatre monnaies nationales, après un réajustement de parité. Sortir de l'euro n'est pas souhaitable, mais il ne faut pas s'interdire de l'envisager, si les conditions d'un maintien deviennent insupportables pour notre économie.

Tenir une telle position implique un gouvernement fort, qui s'appuie, non pas sur une union nationale, terme galvaudé, mais sur une union de l'intelligence nationale. En mai 1958, les classes dirigeantes, socialistes en tête, ont remis les clés du pouvoir à Charles de Gaulle. La peur a été leur première conseillère. Ils ont eu peur que les parachutistes de Massu sautent sur Paris. Comparaison n'est pas raison, la suite devrait pourtant nous faire réfléchir. En six mois, le nouveau gouvernement accoucha d'une nouvelle Constitution et d'un vaste plan économique (Rueff-Armand). Une dévaluation réussie et un grand emprunt enrayèrent la fuite des capitaux et les firent même revenir. La confiance, cet ingrédient indispensable à toute grande politique, était de retour. La France pouvait alors intégrer le Marché commun, sans en avoir peur.

Notre pays a encore des atouts. Il nous reste un embryon de Défense, une force de frappe, qui ne doivent en aucun cas être sacrifiés. Sans force de frappe plus de siège au Conseil de sécurité de l'ONU. Il est vrai qu'il ne manque pas désormais, au Quai d'Orsay, de diplomates, nourris au lait des néo-conservateurs, pour considérer ces attributs militaires et diplomatiques comme des reliques du passé. Ils devraient pourtant comprendre que le jour où la France ne les aura plus, c'est leur emploi qui disparaîtra. Les fonctionnaires allemands ou ceux de Bruxelles n'auront plus besoin d'eux.

Si l'on veut avoir une chance d'exister encore, à côté de ces empires, nous devons mener une diplomatie autonome, originale, jouer notre propre partition avec ceux qui sont un peu les exclus de ce kriegspiel mondial. Il est difficile de négocier avec les Chinois, qui préfèrent nettement les Allemands. Mais on fête, en 2014, le cinquantenaire de la reconnaissance de la Chine par le général de Gaulle. C'est une corde sensible sur laquelle nous pouvons encore jouer. La Russie est demandeuse de relations économiques et scientifiques avec la France : jouons le jeu. N'avons-nous pas été alliés avant la guerre de 1914?

Notre pays a une responsabilité envers le Sud pour des raisons historiques. Ces territoires sont francophones et la francophonie peut être demain un formidable atout. Une diplomatie indépendante doit trouver les moyens de normaliser les relations avec l'Algérie. L'Algérie est riche, les Algériens sont pauvres : faisons en sorte que les entreprises françaises, plutôt que chinoises ou allemandes, participent à son développement industriel. Afin que les jeunes Algériens, et plus généralement les Maghrébins et les Africains, trouvent de l'emploi dans leurs pays et ne soient pas poussés à émigrer.

Avec l'Amérique latine, et notamment le Brésil, il y a beaucoup à faire. Profitons des frictions que certains de ces pays ont avec les États-Unis, après la découverte des écoutes de leurs dirigeants par la NSA. Discutons avec tous ces États, sans leur donner de leçons. Il se trouve que l'on peut avoir, avec chacun d'entre eux, des intérêts communs, même si leur manière de gouverner n'est pas forcément notre tasse de thé. La France, contrairement aux États-Unis, n'a pas de modèle à vendre et encore moins à imposer. Nous croyons en la diversité, et non en l'uniformité. Nous sommes favorables aux échanges, à condition qu'ils soient équilibrés. Nous respectons les cultures, les coutumes, les religions des autres, à condition qu'ils ne veuillent pas nous imposer les leurs. Nous sommes une terre d'accueil, dès lors que les arrivants acceptent nos règles du « vivre ensemble ». Nous respectons les autres, dès lors qu'ils nous respectent. Encore faut-il, pour aimer les autres, que l'on s'aime soi-même. C'est bien là notre problème aujourd'hui.

DEUXIÈME PARTIE

LE RETOUR DE LA GERMANIE

DU MÊME AUTEUR

FRENCH ORDINATEURS. DE L'AFFAIRE BULL À L'ASSASSINAT DU PLAN CALCUL, avec Jacques Jublin, Alain Moreau, 1976.

HISTOIRE SECRÈTE DES DOSSIERS NOIRS DE LA GAUCHE, Alain Moreau, 1986.

LA CRISE GLOBALE. ON ACHÈVE BIEN LES CLASSES MOYENNES ET ON N'EN FINIT PAS D'ENRICHIR LES ÉLITES, Mille et une nuits, 2008; Prix de l'excellence économique 2009.

LA DERNIÈRE BULLE. COMMENT WALL STREET A PHAGOCYTÉ OBAMA ET A FABRIQUÉ UNE FAUSSE REPRISE, Mille et une nuits, 2009.

MOURIR POUR LE YUAN? COMMENT ÉVITER UNE GUERRE MONDIALE, François Bourin, 2011.

Composition : PCA/CMB Graphic.
Achevé d'imprimer
sur Roto-Page
par l'Imprimerie Floch
à Mayenne, le 14 mars 2014.
Dépôt légal : mars 2014.
Numéro d'imprimeur : 86579.
ISBN 978-2-07-014307-8 / Imprimé en France.

256475